秒懂具有 ㄒㄒ 染色體的人類

心因性疼痛、情感建構、心理障礙、婚姻心理調適、親子心靈溝通，揭開妳內心深處的祕密！

人生這齣戲，妳不是「女主角」
而是「唯一的主角」

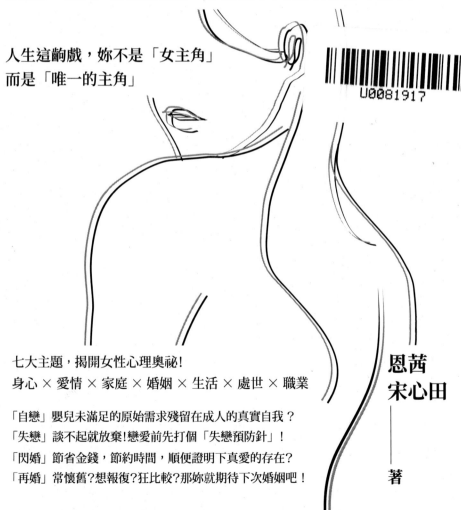

U0081917

恩茜
宋心田──

著

七大主題，揭開女性心理奧祕！
身心 × 愛情 × 家庭 × 婚姻 × 生活 × 處世 × 職業

「自戀」嬰兒未滿足的原始需求殘留在成人的真實自我？
「失戀」談不起就放棄！戀愛前先打個「失戀預防針」！
「閃婚」節省金錢，節約時間，順便證明下真愛的存在？
「再婚」常懷舊？想報復？狂比較？那妳就期待下次婚姻吧！

目錄

目錄

目錄

前言

　　女人心理學是研究女人內心思想和行為之間關係的一門科學，它包括各個年齡層中女性的心理特徵和心理活動規律。其研究的意義不僅是為了心理學科的完善，也不僅是揭開女性心理奧祕，更主要是為了讓女性更好地了解自我，接納自我，促進女性的自我發展和完善，從而更好地面對人生和生活。從古至今，隨著歲月的流逝，社會形態的變更，女人的心理也隨之發生了巨大的變化。

　　就古代而言，女人心理是一向含蓄、怯弱、被動、保守的。一貫的傳統是男主外，女主內，女子通常是不容拋頭露面的，深閨的女子能過的就是從轎子到屋子，再從屋子到轎子的生活，淺閨女子不得不上街時，還得謹小慎微，或恐一不小心就會背上個不守婦道的罪名。社會要求女子在家從父，出嫁從夫，遵守三從四德。溫柔賢德是男人對女人的要求，為的是要突出男人自己的絕對權威，而出嫁後的女人的命運更難掌握。這從宋代的女詞人唐婉身上就能得到印證。這說明了在古代女人的心靈中有著太多枷鎖的束縛，她們無法抗爭和自主，甚至連申辯一句的勇氣都沒有，其心理無疑是憂鬱而脆弱的。

　　隨著社會的發展，時代的推進，歷經千年封建的桎梏已被蕩滌而盡。而今，女性早已從被動、保守、自卑和柔弱中走

前言

出，她們的心理與古代相比，有著天壤之別，這不僅是女人心靈解放的一大進步，更是社會的一大進步。對此須知，社會越發展，時代越進步，就越需要女人要懂得美化自己的心靈，提高內心的修養，這樣才能使人生的軌跡越走越順暢。

當今社會，許多女人還不得不面臨激烈競爭的工作壓力和家庭生活的挑戰，在家庭與事業、理想與現實之間，時常會感覺迷茫和疲憊，心靈在現實中飄搖，夢想在忙碌中枯萎。在這種情況下，加強女人的心理調適就更加重要。為此，我們特地編撰了此書，根據女性一生的生理、心理發展特點，以及人生可能遇到的種種問題，分別從身心、愛情、家庭、婚姻、生活、處世、職業等方面進行了講述，提出了許多有效和實用的心理調適方法，幫助女性增進各個人生階段的適應能力，保持身心的健康。

相信透過本書的閱讀，定會為你增強健康的心態，消除迷茫與困惑，從而在生活中譜寫美好快樂的篇章時有著極大的益處。

第一章　角色定位的心理認同

在人生的舞臺上，每個人都要擔當著一定的角色。
並且這種角色會隨著人生不同階段的變化而變化。
比如社會給了女人很多的稱呼：女兒、妻子、媽媽、
姐姐、妹妹、阿姨等。這些角色既充滿著溫馨，也
承載著責任。身為女人要扮演好自己的角色，就要
善於定位好自己，並以良好的觀念呵護好自己。

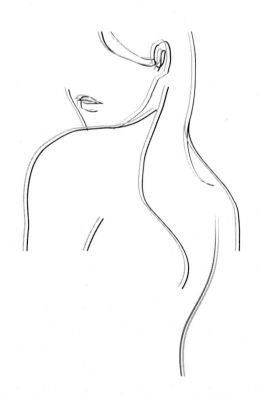

第一章　角色定位的心理認同

第一節　女兒角色的定位與心理認同

女兒是女人一生中首個登場的角色，這也是一輩子的角色。身為女兒，要懂得聽父母的話，上學時要勤奮當個好學生，尤其長大後，更要懂得珍愛自己，經營好自己的生活、情感和事業，當個父母眼中懂事且有能力的心肝寶貝，讓自己父母安心和放心。並且要懂得感恩，做好女兒的本分來孝順父母。

父母對女兒的影響

女人從出生，就圍繞在父母身邊，從小到大，她的言行受父母的影響最多，比如：對待小動物的態度，對待親情的態度，對待自己身為女兒身的態度。

女人受父母的影響還有，比如：凡事應小心謹慎，走路要目不斜視，吃飯不准發出聲音，坐要兩腿併攏，寫功課時不准聽音樂等，雖然這些都是良好的行為準則，可是，父母所教的一切因為沒有固定的模式而使女人迷惑不解，卻可能導致女人從心理、行為上表示叛逆。要不然，社會上怎麼會經常發生女孩青春期戀愛或離家出走的事件，而所有事件的始作俑者，皆為女人選擇了逃避的方式。甚至，到女人成家以後，她還可能將性格中的不穩定性表現出來，如：對老公的行為進行監控，對身邊其他有魅力的異性表示趨附等。

當然，父母對女兒的影響遠不止這些，女人從父母那裡得

到的溫暖，是任何人都無法替代的，她可以在外奮鬥、強裝笑臉，但是，一到父母身邊，她就可以叫苦說累，並且，在父母眼裡，她永遠是父母的小寶貝，永遠是那個跌跌撞撞奔向父母懷抱的小女孩。

有句俗語說得好：男人娶了老婆就忘記了爹娘。很多男人在成家前對父母還時刻掛念，時常記得父母的養育之恩，即便工作再忙，也會記起家中的父母，時不時電話問候，但是一旦到了談婚論嫁，男人在思想上很容易發生一些自己都不太注意的微妙變化，為博得伴侶歡心及其對方家庭的認同，逐漸將精力轉移到女方和女方家庭，婚後，為表示對岳父大人的尊敬，通常也是不遺餘力，這一切造成對自己父母關係的疏遠，留給了父母有生女兒比生兒子孝順的鮮明對比。

其實絕大多數父母並未想過要求子女回報，反而更多的是希望子女能一輩子平平安安就是福，正所謂可憐天下父母心。然而，回報話題更多的還是出於父母的一種被動感受，為子女操勞一輩子的一種潛意識下的心理對比，老人家也只不過是想要一份心靈安慰，並不需要子女多少物質回報，只需要老來時子女常回家看看，多幾句貼心知心的話，幫幫父母料理一些日常生活的瑣碎小事，知父母冷暖，畢竟人老最怕孤獨，所以，這一切看來，在父母眼裡就是子女最大的孝道，老人便也很開心了。可就是這麼簡單的不能再簡單的孝舉，通常是父母感受來自女兒女婿的孝順比兒子兒媳婦要多，而且這類現象真的很普遍。

第一章　角色定位的心理認同

女兒角色的責任

很多女兒在成家後，面臨著自己身為獨生子女，有兩個家庭的父母需要孝養的責任。身為女性一生扮演多種角色，為人女、為人妻、為人媳、為人母等。如何敦倫盡分，扮演好每一個角色，是需要智慧的。對於只有女兒的家庭，女兒出嫁住在夫家，父母的確覺得冷清了很多。如果年紀大了，身體不好，自然是有孩子在身邊比較好，那麼如何做一個合格的女兒呢？

· **主動溝通**：身為女兒平時要多與父母聊一聊工作和上學時存在的困惑，和父母說說心理話，讓父母了解孩子的內心想法。

　閒暇的時候學會主動找一點時間，比如飯前或飯後，和爸爸媽媽主動談談自己的高興的事或不高興的事，與家人分享妳的喜怒哀樂。不要動不動就和父母頂嘴，多站在父母的角度思考，體諒父母的心情和難處。

　父母是願意和女兒溝通的，溝通是讓彼此明白對方的心意及表達自己想法的一種方法。而不同方式的表達會令人對妳產生不同的看法。要和父母有良好的溝通先要對他們有所了解並去實行，如此一來可以知道父母的生活細節並增加話題，另一方面亦可以增加親子間的溝通默契。

· **尊重理解**：有事外出，應主動與父母聯絡，免得父母擔心，特別是身為女兒，父母親無時無刻不在擔心女兒的安全，

還要多聽聽父母的觀點，同時也要提出自己的觀點。當觀點發生分歧時，雙方要冷靜思考產生分歧的原因及解決的對策。達到求同存異的溝通結果。

怎樣才叫做尊重父母？最簡單的事便是聽取他們的意見。當妳遇到一些難以解決又不懂處理的情況，可以詢問他們，讓他們覺得很受尊重。

- **關心父母**：小時候是父母照顧我們長大，而在父母年邁體衰的時候，我們也應該盡女兒的孝道去照顧他們。

在我們一如既往心安理得地享用媽媽做的三餐的時候，入睡前還聽著爸媽說寶貝晚安，家事仍然由父母全包，去買東西只想著先為自己添新衣的時候，會不會想到，是時候該反過來由我們來為父母做這些事了？

讓父母因為我們的愛而感到幸福，簡直是世界上最容易做到的事情，更不用說和他們一起做飯、打掃房間，冬天陪他們去買冬衣，想想我們年幼時父母是如何照顧女兒？用我們享用過的慈愛、耐心、關切來愛我們的父母。我們會發現，擁有一雙健康快樂的父母，是我們人生的一種成功。

- **多些寬容**：遇事不必斤斤計較，因為父母是最愛我們的人，也是我們最愛的人。換位思考一下，父母和我們之間有代溝是很正常的，他們不理解我們的想法，我們也不同意他們的想法，可以想個折中的辦法，只要想想無論父母是什麼想法，他們都是為我們好的，他們是永遠不會害我們的。

第一章　角色定位的心理認同

- **孝順父母**：「養兒防老」這一多少年沿襲下來的傳統觀念，如今悄然發生變化。「生男生女都一樣，出嫁閨女也養娘」已越來越被人們認可，老年人切身感受到女兒對父母的關愛不遜於兒子，甚至比兒子還好。

  如今，女兒養老成為時尚，隨著男女平等觀念的深入和女性地位的提高，婚育新風進萬家活動的深入發展，逐漸改變了人們的生育觀念，「養女防老」也在成為一種習慣。女兒身為父母的贍養人，逐漸從稀少變成社會的一種正常習慣。在物質贍養、精神慰藉、生活照料等方面，女兒這個角色越來越重要，因此，身為女兒要時時刻刻想著父母親，做到百善孝為先。

  女性需要堅強，身為父母值得驕傲的女兒，不要以為堅強是男性的象徵，女性以柔以弱為美。這是片面的！人生活在世界上都會面臨著各種風險，就像野牛在草原上，獅子的眼睛總是盯著最弱一個。因此，在生活上、工作上、出門在外都要學會堅強。哪怕是再苦再累再疲憊，也都要抖擻精神說話，挺起腰桿走路，做父母最堅強的女兒。

貼心小提示

女兒是爸媽的貼心小寶貝，在與父母親近時，我們要發揮小寶貝的功效，不要把對父母親的愛埋藏在心中，那樣就阻礙了我們與父母親良好的溝通，現在來向大家介紹幾種方法：

1. 和父母聊天

節省出一些逛街、打扮的時間來和父母好好的聊天，不要以為自己已經是大人，就覺得自己的很多事情該由自己解決。當父母發現自己的隱私後大發雷霆，自認為觸犯了自己的隱私權時，有沒有想過是自己的封閉已經讓父母擔心，妳的父母已經不知道妳的所思所想。妳正遠離自己的父母。不如由妳主動告訴父母妳的喜好，妳的朋友，妳的趣事。讓他們能一起分享妳的生活。

2. 用言語讚美父母

有時候我們會抱怨父母總是看不起自己，總是對自己不滿意時，其實我們仔細想想自己本身有讚美過自己的父母嗎？比如說，當看到媽媽為自己整理東西時，知道爸爸為這個家努力工作以後，妳會對他們怎麼說？當他們聽到妳的讚美時，猜猜看，父母當時的反應會是怎樣的？所以當父母在工作、學習上取得好成績時，建議妳把對父母的讚美表達出來。

3. 給父母節日的祝福

記住一些節日和父母的生日，為爸爸、媽媽寫幾句話，表達妳對他們的問候與祝福。然後，請爸爸、媽媽寫一封回信。妳們知道嗎？我們簡短的一聲問候與祝福，竟讓我們的爸爸媽媽們激動不已，生日要送禮物，祝他們生日快樂！沒有特殊情況要與他們共享慶生大餐。

第二節　母親角色的定位與心理認同

女人在父母的呵護下不斷成熟長大，當結婚成家以至使自己的孩子「哇哇」墜地那天起，就自然地塑造了一個人生最慈愛而偉大的角色——母親。

然而，如何做一個稱職的母親，是身為女人值得深思的問題。為人之母不但要哺育孩子，還要把孩子從一個什麼都不會的嬰兒，培育成健康快樂的女孩或男孩。對此，要注意身體力行，用自己的言行表率影響自己的孩子。

認識母親的角色

母親，是天底下最美麗、最溫暖人心的字眼。孩子是母親生命的延續，而陪伴著自己的孩子慢慢長大，是每一個母親的願望。在孩子的身上，母親總能找到自己年幼時的影子，能看到自己未來的方向和人生的希望。每一個母親都期望給孩子一個充滿愛和溫暖的家庭，用母愛幫助孩子迎接成長路上的每一個挑戰。母愛就是孩子的天堂。家庭是孩子成長的第一站，母親在家庭中承擔了許多教育孩子的工作，是家庭教育中的重要角色。

母親溺愛孩子，孩子大多都會變成任性、刁蠻、自私的人。在獨生子女家庭中，這種母親最為常見。她們過分地遷就孩子，寵愛孩子，讓孩子成為飯來張口衣來伸手的小皇帝、小公主。稍有不如意，這些小皇帝、小公主就會哭鬧耍賴，不達

日的不罷休。這樣的孩子永遠體會不了大人的難處，心中只有自己。如果不加以管教而聽之任之，他們就會變得任性、刁蠻而且自私。

　　母親忽視孩子，只是扮演一個陌生人的角色，會導致孩子形成冷漠、消極、孤僻的性格。母親對待自己的孩子就像一個陌生人一樣，並沒有細心的呵護與培養，使得孩子從小就失去了一份至關重要的母愛。孩子從小的性格發展是形成孩子今後重要性格的關鍵階段，沒有母愛滋潤的孩子大多會變得冷漠，不懂得關愛他人，而且孤僻不願與他人交流。

　　母親家庭暴力，孩子就會變得乖戾，使得孩子對他人充滿仇恨、有暴力傾向。雖然有句俗話是這麼說的「不打不成材」，但是如果過分的使用暴力，不但不利於孩子的家庭管教，反而會使得孩子也傾向於用暴力解決問題。這樣的母親教育孩子時缺乏耐心，不懂得對孩子動之以情，曉之以理，與孩子一有分歧，就採取暴力的方式讓孩子屈服，小孩子也會採用這種過激的方式來宣洩自己內心的情緒。這樣的母親教育出來的孩子具有一定的危險性，不懂得如何與人和睦相處，甚至還有可能會變成暴力者。

　　當孩子逐漸長大後，母親會發現在家庭教育的過程中，會遇到越來越多的實際問題。孩子不聽話了，不愛和自己交流了，不愛讀書了，等等一系列的問題都會為母親帶來困惑和煩

第一章　角色定位的心理認同

惱。做母親是一個獨有的人生經歷，無法溫習，無法重演。所以，母親們都是在依靠自己並不豐富的經驗，不斷的摸索著教育孩子的正確態度和方式。我們需要向母親們傳達在家庭教育中的一些注意點，以幫助她們更好的完成家庭教育的任務。

一些母親愛做孩子的「打擊者」，給孩子各式各樣的難題與苦惱，目的就是培養孩子們堅忍不拔的性格與品格，孩子們經過磨練逐步變得堅韌、勇敢和自立。或許有一些家長認為這樣做會對孩子們太殘酷、太不近人情，但是孩子在經歷了這些艱難困苦後，結果會讓家長們很滿意，那就是孩子們會成為堅強、勇敢的人。讓孩子從小就經受磨難、感受生活的艱辛，以此成就他們堅韌不拔和獨立自主的精神。

母親應該給予孩子充分的信任與理解，與孩子做好朋友，這樣孩子就會謙和、善解人意。這類母親，沒有家長的架子，與孩子完全是平等的。她們總是從孩子的角度思考問題，喜歡與孩子一起玩耍，一起聊天。她們往往是第一個知道孩子們心中祕密的人，她們會為孩子保守祕密，直到孩子願意將它公開為止。她們尊重孩子，把孩子當成大人看待。孩子也會尊重這樣的母親，把她視為自己最為信任和親密的朋友。孩子也會形成謙和、尊重他人、善解人意的良好性格。

做好母親角色的方法

從教育子女的方面來看，母親的職責與責任是無法取代的並且富有決定性的意義。孩子對母親的情感流露最敏感，往往母親溫存，孩子愉悅；母親認真，孩子順服；母親嚴肅，孩子規矩；母親專制，孩子膽怯；父母嬌慣溺愛，孩子就不能自制，甚至吵鬧。因而母親要把對待孩子的態度作為教育的重要手段加以運用，用好這最有效的「情感武器」，以塑造孩子今後的性格。

· **和藹可親**：母親應該對孩子快樂、歡笑、友好、禮貌和尊重。有時母親要嚴肅、認真地對待孩子，培養孩子們獨立的人格和自制的能力。母親對孩子的愛心流露應服從於教育，這是使孩子活潑、聽話的藝術。為此，要在心裡把他當孩子，表面把他當大人；心裡疼愛極甚，表面保持平靜；心裡非常關切，表面往往佯裝大意。這種情感環境下長大的孩子，自然活潑、聽話而不撒嬌，做事認真而專心。

蘇霍姆林斯基曾說：「不能讓孩子感到，因為有了他，為家庭帶來了歡樂；而要讓他覺得，因為有了父母，為他帶來了幸福，他是一個負債的人。」母親們想要讓自己的孩子幸福而明理嗎？那就一定要這樣去做。

· **學會尊重**：家長學會尊重孩子是最理智和最深厚的愛，能使他獲得健康、完善的人格。魯迅先生曾經這樣說過：「你

第一章　角色定位的心理認同

不把孩子當人，他長大了就做不了人。」我們在生活中一定經常見到許多不知自珍自愛、缺乏自立自信，或懶散墮落、或粗野橫暴的青少年，可以說他們其中的大部分幼年時期都是未得到尊重的孩子。

尊重孩子要多用禮貌語言，民主平等相處；不把孩子當玩具、笑料，切忌過分開玩笑；禁止把孩子當出氣筒，不侮辱、打罵和粗暴地對待孩子；不當面議論孩子的缺點、弱點和錯誤，不要在他人面前數落孩子的不足，發洩自己的不滿；孩子過了嬰幼兒時期以後不要經常摟在懷裡，親在嘴裡，要鼓勵他站直、坐正、好好說話；不哄騙孩子，說話算數，做事認真。

．**鼓勵表揚**：母親要讓孩子們不知不覺地意識到自己是一個好孩子，爸爸、媽媽、老師和人們都喜歡他。「自我意象」好是孩子們上進的重大動力。要經常在鼓勵、表揚中培養孩子好的「自我意象」，使孩子們即使犯了錯誤時也會相信自己會馬上改正過來。鼓勵應該走在行為的前面，表揚則在行為之後及時進行，但表揚一定要實事求是，不能用言語的敷衍和哄騙，也不應該過分。

母親表揚孩子們的方式是多元的，向親戚、朋友、家人、老師小聲誇獎，不直接對孩子說而有意讓他聽見，這種積極暗示非常有效，有時還能「弄假成真」。其他鼓勵形

式還有一個微笑，一句讚揚的話，一個擁抱，貼一個小紅花，獎勵一個學習用品，到大自然中遊玩等，視情況而定。但在實施所有表揚和獎勵時，母親也不可顯露出過分高興的樣子，應該不失認真和平靜。

- **培養習慣**：習慣是行為中重複一定的模式培養起來的心理定勢，快樂專注的心理定勢也要在行為習慣中養成。孩子們有了良好的習慣，母親的教育就省時省事了，這就是「少成若天性，習慣成自然」的道理。

  某教育學家說的：「什麼是教育，簡單一句話，就是要養成良好的習慣。凡是好的態度和好的方法，都要使它化為習慣，只有熟練得成了習慣，好的態度才能隨時隨地表現，好的方法才能隨時隨地應用，一輩子受用不盡。」孩子的好習慣養成了，就能自我控制，專心玩和學，而不受不良因素的引誘和干擾。

這些都是如何做好一個母親角色的最重要的部分，當然我們也不能忽視那重要的一點，就是：母親對孩子們無條件的愛。這種無條件的愛並不意味著妳不設定任何界限，設定界限是向孩子們顯示他對妳來說很重要。當一個孩子越界時，向他們說明妳對這種行為而不是他們本身感到失望。

母親被認為是擔任孩子成長過程中給予他們必要的鼓勵角色的一方，母親與父親所發揮的作用是不能等同的。在大多數

第一章　角色定位的心理認同

家庭中，母親扮演著幫助孩子們解決生活中出現的困難的主要角色，這令許多女士感到無所適從。身為母親必須考慮什麼是孩子真正需要的。

貼心小提示

我們這個生活節奏緊張的社會裡，孩子們渴望與母親建立良好積極的親子關係，母親希望建立健全的育兒觀念，這樣就能夠形成一個積極向上的家庭親子體系，也能夠使得女性的母親角色得到認可，以下準則供您參考。

1. 冷靜的頭腦

母親用冷靜的頭腦對孩子進行管教，會讓孩子感覺到妳的教導是客觀公正的，並且，他也願意帶著極大的興趣去做到妳對他的要求。

如果妳在教育孩子的過程中有些情緒失控，妳可以試著從 1 數到 10，或是深呼吸幾次，亦或是走開一下子。但如果這些方法仍無濟於事，最終妳還是失控地對孩子發了脾氣，記住事後要真心地向孩子道歉，告訴他，妳也是人，也會犯錯，但妳能承認並改正錯誤。

如果妳非常生氣，完全可以表達自己的情緒。但經常發脾氣的話，當妳再生氣的時候，孩子也就見慣不怪了。

2. 對孩子的諾言

在教育孩子的過程中，對大人也是一個無形的督促，有時一些母親為了打發孩子，也曾經有過想隨便找一個藉口的時候，希望能矇混過關，但這種情況下，孩子反而會成為一個監督者，讓媽媽能從自身做起，注意言傳身教，不讓孩子挑

出毛病。這樣教育起孩子來，不僅省去了不少口舌，而且還培養了孩子「誠信」的美德。

當母親是一項責任重大的工作，但並不意味著是一種負擔，如果妳了解到這其中的關係與奧祕，妳們將體會到身為母親角色的美妙。

第三節　要重視性心理方面的衛生

性心理學是心理科學的分支學科之一，是以心理學的觀點、理論和方法研究人類性行為與性文明的發展歷程對現代人類性行為的影響和塑造，研究人類的性生理發育、性心理發展、性別角色社會化過程以及婚姻、家庭與性衛生性健康等。

要想做好性心理衛生，必須要了解性心理的主要結構以及具體表現，然後才能針對這些表現做好相應的預防和防治工作。女性掌握性心理衛生知識，對於保持自己的身心健康和婚後的性生活品質都有很重要的意義。

認識性心理的主要結構

性心理是主體對有關兩性的差別與兩性的關係在大腦中的反映。性心理是青少年與成年人普遍存在的一種心理現象。

性心理的結構是複雜的，主要包括以下一些部分：

第一章　角色定位的心理認同

（1）性感知

人們透過感知來感受到男女第一性徵與第二性徵的差別。

- 第一性徵是人生下來就有的。即男女的生殖器官的特徵，兩性生殖器官結構的差別，是男女性別最根本的標誌。

男性的外生殖器官包括陰莖與陰囊，內生殖器官包括睪丸和輸精管。

女性的外生殖器官包括陰阜、大陰唇、小陰唇、陰蒂、前庭大腺，內生殖器官包括卵巢、輸卵管、子宮和陰道。人的性感知主要是對男女外生殖器的感受。

- 第二性徵是表現除生殖器以外的男女差異的身體外形區別。第二性徵也稱為副性徵，第二性徵在青春期開始顯現出來。

男性的第二性徵表現為體高肩寬、骨骼粗壯、肌肉發達、喉頭突出、嗓音低沉、長鬍鬚、陰毛捲曲等。

女性的第二性徵表現為骨盆寬大，皮下脂肪多而顯得體態豐滿，乳房豐滿隆起，嗓音細潤，不長鬍鬚，陰毛呈倒三角形分布。

人們對男女的第二性徵往往是一目瞭然且易於感知，並以此區分男女。

性感知也包括主體對自己的外生殖器官受到某種刺激而得到的感知，並產生性快感。

（2）性情感

　　性情感即對異性情感。根據感情的強度與性質，可把性情感分為三個層次。第一個層次是異性的一般夥伴式性情感；第二個層次是異性間的友誼情感；第三個層次是異性間愛的情感。性情感也包含夫妻性生活中的性快感。

（3）性思維

　　性思維即對異性的思考，性思維在性心理結構中占有重要的地位。人的感情受人的理智的制約，性思維控制著性感情的方向與強度，性思維水準的高低對青少年戀愛和處理好與異性的關係有重要影響。

　　一位男孩被一位年輕美貌的女孩所吸引，但考慮到她的品行不端正，就會控制自己的感情，疏遠了她。分別已婚的兩位男女在一起工作，互相幫助，互相關心，異性的友誼感不斷提高，女人意識到男人在自己心目中的位置越來越突出，察覺到與男人在感情上已有曖昧關係，但性思維使她意識到社會道德不容她對男人產生這種曖昧情感，於是她逐步把對男人的情感保持在夥伴般的友誼情感的層次上。

（4）性想像

　　性想像即對異性的想像。年輕人在戀愛前想像自己追求的異性的形象；在戀愛時想像與異性見面時的舉止言行；無論男

25

第一章　角色定位的心理認同

性與女性在手淫時都可能同時伴隨對異性形象的想像；結婚時想像新婚之夜的歡樂。

（5）性意志

性意志即主體對異性產生的行動的協調與控制。性意志強的人，能按社會道德要求控制自己的性欲望。性意志薄弱的人，易受性衝動的支配，做出越軌的行為。培養青少年的性意志是提高青少年的道德水準、預防性犯罪的重要內容。中年、老年人也要注意自己的性意志培養，保持高尚的性道德情操。

（6）性交往

性交往指的是與異性的交往。無論已婚男女，還是未婚男女，都有性交往的需求，只不過不同年齡、不同職業的人與異性交往的需求程度不同而已。

（7）性意向

性意向是人們性愛的意願指向。性意向是性愛與非性愛的本質區別。一般異性之間的夥伴感與友誼感不包括性意向，異性之間的愛情包括性意向。夫妻性意向協調程度，對夫妻性慾的滿足與感情的發展都有一定的影響，如果非愛情關係的異性之間產生性意向，要用性道德克制性意向的產生。

（8）性欲望

性欲望指的是性行為的需求。性欲望可分為兩種：一種是與異性身體接觸的需求，例如與異性擁抱、接吻等；一種是性緊張緩解的需求，透過與異性性交，使性緊張得到緩解。這兩種性欲望既有區別，又有關聯。在夫妻的性生活中，前者為後者做準備，後者是前者發展的結果。一般健康的成人都有不同程度的性欲望。

（9）性行為

性行為是指男女之間性交過程中的行為。性行為是性慾需求的滿足手段。性行為是人類生兒育女的最基本行為，沒有性行為，女性就無法懷孕。性行為既能滿足人類的性慾，又能滿足人類生兒育女的需求。

（10）性注意

即對異性的注意與興趣，因此對異性具有吸引力。年輕男女彼此間的性注意與性興趣表現很明顯，特別是未婚者對異性的注意與性興趣很強烈。中老年對異性的注意也存在。

一般說來，女性的容貌、身材易引起男性的注意與興趣。男性魁梧的身體，文雅的風度引起女性的注意與興趣。

第一章　角色定位的心理認同

了解性心理的發展和表現

　　青春期的到來，代表著性成熟期的開始。性成熟期是指性腺機能開始發生作用的時期。一般說來，女子的性成熟的開始與結束都比男子早一點。性的成熟使年輕男女出現第二性徵。

　　性的成熟引起心理上的變化，開始了性意識的覺醒，開始意識到兩性關係等。性成熟對青少年的心理發展帶來重要的影響，男孩的幼稚氣消失了，女孩則像一朵含苞待放的鮮花。

　　性成熟對青少年個性心理特點的形成有著無可懷疑的作用。青春期性慾的出現及其與性慾有關的各式各樣的體驗，在青少年的心理生活上占有一定的地位。

　　但是青少年的心理發展不能直接從性成熟的過程中引伸出來。國外有些心理學家企圖用生物學原因去解釋青少年的一切特點，其中包括心理特點，把青少年的心理特點都看成是性成熟引起的。這種誇大性成熟對青少年心理影響的理論，是不符合實際情況的，因而是不正確的。

（1）性心理的發展

　　性心理的發展大概可劃分為三個階段。

　　第一，異性疏遠期。在青春期之前，男孩與女孩之間不存在隔閡，他們一起玩遊戲、學習，相互關係中沒有性心理特點。進入了青春期，男女對性的差異特別敏感，出現了心理上與行為上的隔閡，彼此疏遠。他們各自對對方採取冷淡的態

度，甚至對異性表示反感。

在共同的學習、運動與勞動生活中，往往合作不好。即使童年時期的「青梅竹馬，兩小無猜」的異性朋友，相處也謹小慎微，甚至故意躲避。

家長與教師對處在異性疏遠期的青少年，要善於引導他們正確對待異性，減少彼此間的隔閡，因勢利導地促進他們的團結與合作。

第二，異性接近期。男女彼此有接近的需求，相互之間產生心理上的吸引。在一般情況下，同齡的女孩比男孩對異性的興趣出現更早一些。異性的魅力對他們很有吸引力。女孩身材窈窕、容貌姣好，很容易吸引男孩。男孩瀟灑英俊，很容易吸引女孩。應該指出，異性的吸引並非愛情，男女之間的好感也並非初戀。青春初期的男女，由於自己無法判斷好感與初戀的區別，因而常產生心理上的苦悶。

第三，戀愛期。男孩女孩在相互接近的基礎上，由於相互了解，相互交流感情，產生好感，在好感的基礎上，感情進一步發展，年輕男女之間相互愛慕、傾心，從而產生愛情。初戀使青少年產生錯綜複雜、微妙的思想情緒變化。

青少年的初戀往往是一種內心隱蔽的愛情，特別是女性常有羞怯之感。初戀使男女青少年的心田充滿了很愉快、很舒暢、很溫暖、很甜蜜的感情。

第一章　角色定位的心理認同

　　初戀進一步發展可達到熱戀階段。彼此之間的感情達到熾熱程度。在感情上依戀不捨，「憶君恰似西江水，日夜奔流無歇時」。在行動上產生親暱動作，例如接吻、擁抱等。

　　在熱戀中的青少年由於熱情，無論男性還是女性都可能產生親暱欲望，並且可能情不自禁地發生親暱動作。在多數情況下，常常是男孩主動，有的女孩在熱戀中，男孩突如其來的親暱動作，使她驚慌失措，心慌意亂。其實，出現親暱動作是性心理正常發展的產物，同時又有助於激發愛情更進一步的發展。應該勇敢地接受對方的親暱動作，使愛的暖流在雙方的心靈上激盪。

(2) 性心理的表現

　　青春期由於性成熟而出現種種的性心理現象。一般說來，青少年的性意識較中年人和老年人表現得更為微妙、強烈和複雜。

　　第一，對性知識的興趣。青少年在青春期對性知識和生育現象有探求的欲望。青少年對性知識的需求不是什麼見不得人的事，更不是罪惡，而是青少年性心理發展的必然。如果青少年能從家庭與學校獲得正當的性知識，將會使他們對性的問題有正確的認識，是有助於他們身心的健康發展的。

　　但由於長期傳統社會的影響，使不少青少年在青春期，沒有從家庭和學校獲得科學的性知識。他們往往懷著好奇的，甚

至是感到罪惡的心理，祕密地探求性的知識。這樣，不免會被壞人利用，甚至受騙上當，這是十分危險的。

至今，人們追求性的知識和追求其他科學知識的心理狀態，仍是徑渭分明。其實，青少年學習一點必要的性知識是應該的，也是正當的。

第二，對異性的興趣和愛慕。青少年關心異性，彼此嚮往與追求是青少年性心理的重要表現，這是青少年性心理發展的正常現象。關心異性是日後建立美滿婚姻生活的心理基礎。

「青年男子誰不善鍾情，妙齡女子誰不善懷春」。在性激素的作用下，在社會環境的影響下，男女都有著互相愛慕之情。青少年的初戀是青少年情緒生活上的新現象。這種情感內容與一個人的道德水準密切相關。青少年的愛情體驗的道德表現應該是尊重對方，尊重友誼。

在許多情況下，愛情是青少年克服自身的缺點，形成寶貴的個性心理素養的重要因素。青少年養成高尚的道德水準，對於克服自己愛情的熱情或克服初戀帶來的痛苦，有著重要的意義。在出現這種情況的時候，家長和導師用心關懷和幫助也是很重要的。

家庭與學校要根據青少年關於異性的心理特點進行積極正確的引導，指導他們相互尊重，保持相互間的純潔。

青少年學生之間的友誼，應該珍惜，但最好不要談戀愛。這一方面是由於這個時期應抓緊時間掌握知識，提高智力，特

第一章　角色定位的心理認同

別是創造力；另一方面是開始出現的性心理往往帶有不穩定的特點，如果缺乏理智的控制和倫理道德的判斷，可能難以駕馭感情，甚至失足。

第三，性欲望和性衝動。青少年在青春期，只要功能正常，每個人都有正常的性慾，只是性慾的強弱因人而異。青春期，正常的性欲望和性衝動是依賴於生理因素與心理因素的。

在生理方面，性激素對性慾和性衝動有著一定程度的作用。

男子的性慾與睪丸分泌的男性激素有著密切關係。成年男子在切除雙側睪丸後，性慾就逐漸消失，陰莖不能勃起，封建皇宮內的太監就是如此。

女子的性慾與卵巢分泌的女性激素關係並不密切，雖然女性激素能促進性成熟，但是性成熟後的性慾維持和性衝動的激發，往往主要是靠心理因素與接觸身體的性感部分。因此，女性因病切除雙側卵巢、輸卵管和子宮以後，雖然無月經，但不改變容貌和體型，也不影響性功能。

性成熟後，在外界的刺激和情感、想像、記憶等因素作用下，青少年自然而然地有性慾和性衝動。女生的性慾在婚前往往是一時性的，並且大多比較微弱。一般說來，男子比較容易被視覺刺激激起性興奮，女子易被觸覺刺激激起性興奮。

青少年在青春期出現性的衝動，這是發育中的正常生理現象和心理現象。大多數青少年都能自然地度過這一時期。但也

有一部分青少年，由於缺乏必要的性知識而產生錯誤的認識，引起恐懼不安、自責等心理，這將會影響身心健康，有礙學習和工作。

對青少年的性欲望和性的衝動可導不可堵。在青春期進行性教育是非常必要的，我們既不能把性的欲望和性衝動看成是低級和下流的，又要避免模仿西方的某些生活方式，在男女兩性關係問題上追求自由放蕩的惡劣影響。應該注意引導年輕人正確對待性的欲望，用正確的道德觀來約束自己。

第四，自慰行為。青春期性的衝動勃發後，青少年對此突如其來的需求，最常見的是以手淫方式獲得性衝動的滿足。

手淫是指性慾衝動時，用手或物品摩擦，玩弄生殖器官引起性的快感，性慾滿足或射精（男性）的行為。手淫是對性衝動的發洩，是解決性需求的一種方式，這是沒有異性參與的、自己發生的性行為。

手淫多發生在青春期的青少年中，男子染有手淫習慣的多於女性。青少年如果手淫頻繁，可能產生神經衰弱的一些症狀，如注意力不集中，頭腦昏沉，記憶力衰退，思考遲鈍，影響學習效果。

過度的手淫可能產生性神經衰弱症，如陽萎、早洩等結婚後性生活帶來苦惱。女性無節制地手淫，能使盆腔長時間充血，可導致盆腔炎等疾病。

第一章　角色定位的心理認同

手淫最大的危害在心理方面。手淫排出的精液一般無損身體的健康，過度手淫的危害在於心理的自我挫傷。因此，有手淫習慣的人，應樹立克服手淫的信心，把自己從手淫的精神壓力下解放出來，這樣才有利於身心健康。

性心理衛生的注意要素

性心理衛生的內容包括月經的心理衛生、與異性交往的性心理衛生、戀愛的性心理衛生、新婚之夜的性心理衛生和夫妻間的性心理衛生等五個部分的內容，掌握不同內容的性心理衛生對於女性提高性生活品質，保持身體健康都有極其重大的作用。

（1）月經的心理衛生

青春期的少女，對初潮來臨要有充分的心理準備。母親、老師應當幫助她們獲得有關月經的知識，使她們認識到來月經是發育成長的必然產物，是一種正常的生理現象。這才可能使在初潮來臨時心情比較坦然，做到正確地對待。

由於種種原因，至今大多數少女在初潮來臨時，仍有不同程度的緊張和不安。

從一個題目為「妳第一次來月經時的心情」調查得知，都市女性、鄉村女性心情很緊張與較緊張者都在 60％以上。

少女初潮來臨的最初一兩年，月經週期不穩定，使很多少

女疑慮、憂鬱。要使少女認識到，初潮來臨後一兩年內，月經週期不穩定也是正常的生理現象，不必大驚小怪。一般情況，無需治療。

月經來臨前幾天，有些少女情緒不夠穩定，容易激動，對此也不要過慮過憂。要從少女時代養成一個良好的心理習慣，即月經期，力求情緒穩定，盡量避免引起不良情緒的刺激，保持樂觀情緒。同時也要注意月經期的生理衛生，避免勞累，要用熱水洗腳，注意陰部的清潔衛生等。

（2）與異性交往心理

女性願意與男性交往是女性心理成熟的表現，是人類正常的心理現象。女性與異性交往要講究交往的心理衛生。

第一，正常地與異性交往。女性在生活、學習與工作中與異性進行正常的交往，要自然、坦率，這對女性對異性的心理反應正常化有著重要的作用。女性與異性分隔越嚴，對於異性就越過敏，甚至會產生有關性的想像。

第二，不要與庸俗的異性交往。女性交往中要注意異性的思考行為、心理特徵。對於那些阿諛奉承、肉麻地吹捧的人要警惕，對那些動手動腳的異性要避免交往。大量的女性性犯罪的事實說明，有的女性與庸俗下流的異性交往，經不起引誘與挑逗，為了滿足性慾，使自己身敗名裂。

第三，正確對待忘年交的性心理。有一些女性特別是年輕

第一章　角色定位的心理認同

女子，由於學習、工作等原因，與一些年齡較大的異性結下了深厚而親密的友誼。

女性要珍惜與愛護這種忘年交的正常的兩性友誼。當然也有的人會以己之心，度他人之腹，甚至散布流言蜚語。其實，只要心地純潔，就可保持忘年交的深厚友誼。

但同時要注意忘年交的友情畢竟是異性的親密情感，有可能在一定的內外因素的刺激下，產生性衝動。無論男方或女方如產生性意向，都要理智地控制，同時，要減少交往或迴避一段時間，這樣有助於性意向的平息。

第四，用正確的道德觀念控制性慾。女性與異性交往，結成一定的友誼。特別是未婚女性在與異性友誼的基礎上，在某種情境下，可能出現性衝動。男性的生理美、風度、才學等對女性有一定的吸引力。

男女密切的交往、情投意合，在電影、電視、小說、戲劇中有關愛情的情節或有關性刺激的描繪下，可能激起男女的性興奮，出現性欲望。尤其在男性的主動要求下，有的女性很可能自覺或不自覺地接受而發生性關係。因此，男女雙方在交往中都應注意。關鍵在於用正確的心態來控制性慾。

人之所以異於禽獸，在於有理智，有道德觀念。無論男性還是女性都要提高自己的道德水準，培養自己高尚的道德情操，對自己與異性交往中閃現的性意向要嚴加節制與控制。

（3）戀愛性心理衛生

年輕男女在戀愛過程中，由於感情的深化，可能出現性衝動，這是正常的生理現象。有的青年特別是女生，在戀愛時出現性意向，產生罪惡感，造成心理壓力，影響心理健康。問題的關鍵在於在戀愛中出現性衝動時如何控制，如何使性衝動昇華。

年輕男女在戀愛中要根據自己的具體情況，採用不同的心理管道，使性衝動得以分流或昇華。

第一，青年戀人相見，交流思想，探討學問，研究工作和學習中的問題，不僅可使性衝動得到昇華，而且有助於加強思考的深度，促進學習與工作。

第二，青年戀人相見，以體育、繪畫、音樂、旅遊等活動陶冶情操，調劑性慾，使性衝動分流。

第三，青年男女提高精神文明水準，培養高尚的道德情操，培養廣泛的興趣，確立性愛正確的價值觀，對控制與擺脫在戀愛中出現的性慾有重要的意義。

（4）新婚夜的性心理

新婚之夜對於年輕男女來說是神祕而令人激動的。可是年輕男女往往懷著好奇和膽怯的心理，再加上由於缺乏性生理與性心理的知識，就難以獲得稱心如意的快感。

新婚之夜是戀愛的高峰，是男女正常的性生活的開端。處

第一章 角色定位的心理認同

理好新婚之夜的性心理衛生，可為夫妻以後性生活的和諧與美滿奠定基礎。對新娘來說要努力做到以下幾個方面：

第一，了解男女性慾的特點。男女性慾是各有特點的。男子性慾比較強烈，女子性慾比較弱一些；男子性衝動的激發與消退都很迅速，女子則比較緩慢。男女性慾的表現方式不盡相同，男子的性慾和快感集中在性器官上，性交欲望高，而女子的性慾比較複雜和廣泛，大多喜歡情話、親吻和擁抱等，待達到一定的性興奮時，快感才比較集中在性器官上。

第二，精神盡量放鬆。新婚之夜的性生活，男女雙方都可能感到靦腆或羞澀，女子更明顯一些。

第一次性生活時，男子多易激動，女子有些緊張。因此新婚之夜，男子對女子要多加體貼和愛護，克服女子的膽怯與疑慮，絕不能粗暴，只顧自己，否則可能讓女方帶來精神上的不快，甚至使女子產生對性生活的厭惡。男子要根據已掌握的性生理與性心理知識，有步驟地激發女子的性慾，逐步地完成性結合。

第三，消除性生活的恐懼感。有些女性受傳統的觀念影響，對性生活懷有恐懼感。新婚之夜，事當臨頭，恐懼感更加強烈，引起肌肉緊張，甚至造成陰道痙攣，影響性生活正常進行，當然也很難獲得新婚之夜的性滿足。

第四，做好避孕的充分準備，有充分的性生活的心理安全感。一般說來，新婚之夜要採取避孕措施。避孕越落實，越保

險，新婚之夜性生活的安全感越充分，性衝動就越強烈，為新
婚夫婦獲得性滿足創造條件。

　　第五，夫妻要密切配合。新婚之夜男女雙方情緒激動，易
引起雙方動作的失調。男方行動粗暴、急促，易使女方產生恐
懼心理，女方要努力設法緩衝男方的過於激動情緒，使性生活
有節奏地進行。

　　第六，夫妻性生活要逐步適應。性生活適應是一個過程。
新婚夫婦由於缺乏性生活的體驗與經驗，新婚之夜性生活不完
全和諧的事是屢見不鮮的。新婚之夜性生活不甚和諧是正常現
象，千萬不要為此產生精神負擔。在婚後的性生活中，雙方逐
步熟悉對方的性生活習慣，同時不斷總結性生活的經驗，就會
逐步互相適應，互相協調，就會達到性生活的和諧美滿。

　　第七，女性要體諒丈夫新婚之夜的陽萎或早洩。有的男人
由於性慾過於強烈，情緒過於衝動，容易造成新婚之夜性生活
時發生早洩。新婚夫婦都不要為此憂慮、焦慮、緊張。特別是
新娘要體諒、安慰丈夫，關懷丈夫，使其消除不安心理，保持
情緒穩定。新娘配合丈夫的性行為，早洩的現象就會得到克服。

　　有的男人缺乏性知識，或染有手淫習慣，性生活時疑慮重
重、緊張不安，可能造成陽萎，使性生活無法進行。新婚之夜
丈夫發生陽萎，新娘千萬不要訓斥，甚至吵鬧，否則可能加重
丈夫的陽萎。新娘要關懷安慰新郎，採用適當的動作，陽萎會
逐步克服的，甚至有可能新婚之夜再次性交時就會順利進行。

第八，正確對待處女膜問題。新婚之夜初次性活動，有不少女性處女膜發生破裂，產生疼痛，還有少量出血。但是並不是所有處女在新婚之夜過性生活時都出現上述情況。這與處女膜厚薄、彈性、孔的大小、鬆弛程度都有一定的關係。

有的女性處女膜大、彈性好、鬆弛，新婚之夜處女膜不破裂。既無疼痛也不出血；或輕微破裂，出血甚少。有的女性甚至在懷孕 8 個月做產科檢查，發現處女膜完整無損。也有的女性可能在婚前處女膜因非性交原因早已破裂。如奔跑、跳躍、騎馬、騎車、挫傷等原因均可能使處女膜破裂。當然，也有的女性在未婚前曾經發生性關係，造成處女膜破裂。

有的男性受傳統觀念影響，認為凡是新婚之夜性生活時，女性陰道不流血都是失貞原因造成。一旦新婚之夜性生活時，妻子陰道不流血，便斷定是失貞。輕者情緒低落，影響性慾的滿足，重者對妻子橫加盤問，甚至暴跳如雷，辱罵毆打。夫妻的親密感情頓時變得淡薄，甚至產生敵對情緒，嚴重影響夫妻生活，乃至造成夫妻感情破裂，其後就談不上什麼和諧的性生活了。

(5) 夫妻性生活心理

夫妻的性生活是夫妻生活的一個重要內容。但是把夫妻性生活看成是夫妻生活的唯一內容，無疑是錯誤的。當然把夫妻性生活看成可有可無也是不對的。

前者看法可能引起縱慾，影響身心健康。後者的看法將會損傷夫妻感情，也會影響身心健康。

夫妻的性生活特別是年輕夫妻的性生活，在夫妻生活中占有重要的地位。夫妻的性生活是強化夫妻感情的紐帶，是發展夫妻恩愛的重要途徑。

俗話說，一日夫妻百日恩，百日夫妻似海深。從某種意義來說，主要是指夫妻的性生活使夫妻恩愛情深。因此，處理好夫妻的性心理衛生，對於鞏固與發展夫妻感情，建立溫暖和諧的家庭，充分滿足夫妻的性欲望都具有不可忽視的作用。

貼心小提示

掌握性心理衛生是女性保持身心健康的基礎。了解了這些知識，您在過婚後性生活時，還必須注意以下幾點：

1. 要有良好的心理環境

您的性生活只有在舒適的環境下進行，不受外界因素特別是人的因素的干擾，性慾才能順利地喚起。如果環境雜亂，甚至有其他成年親屬同室，在心理處在戒備狀態下發生性關係，無疑會影響您的性感的滿足。

2. 要有良好的心態素養

雙方的意向一致，易充分激發自己的性衝動，獲得充分的性滿足。在一般情況下，夫妻任何一方心情不佳，如憂慮、焦急、煩躁、緊張，就不宜進行性生活，否則可能造成一方的不安。具體情況要具體分析，如一方有煩惱，另一方要關懷體貼，在性生活中安慰鼓勵，可能收到減輕與消除煩惱的功效。

3. 要有多種的體會方式

這不僅能彼此交流愛慕的心情，增強彼此的感情，而且有助於使您達到性高潮。

4. 要運用多方面的性訊息

性訊息指的是夫妻性生活傳遞性要求、性動作與性感受的信號。有不少夫妻在產生性生活的欲望時，出於羞澀等原因，並不是單純運用語言直接表達出來，而是運用眼神、表情、動作等含蓄的方式表達性欲望。夫妻在性生活中，逐漸形成自己的性生活的性訊息。

正確地運用性訊息，有助於增強性生活的樂趣，有助於達到性慾的滿足。應該指出，一些女性受傳統觀念影響，認為性生活的需求應該由丈夫主動提出，因此往往使自己的性欲望受到壓抑。正確的做法是夫妻雙方誰有性需求都可主動提出。妻子有性需求，可多運用性訊息向丈夫表達。丈夫會敏感地理解妻子的需求，並且會滿足妻子對性生活的需求。

第四節 懂得培養健康的性慾心理

現代生物學證明，性慾是一種生物衝動能量，也稱性動機、性驅力或性張力，是人類的精神原動力。簡而言之，性慾是指在一定刺激下具有性意義的欲望。每一個發育成熟的正常男女，都會產生性慾，只是由於個性、體質或每對夫婦的感情基礎、家庭環境、健康狀況、文化程度、所接受性刺激的強度不同，性慾的強弱也有差別。

一般來說，相對男性而言，女性性慾更易受到社會心理因素所左右。如憂慮、憂鬱、緊張、遇到突發事件等。為此，女性應該正確對待自己的性慾，才能在夫妻生活中得到應有的快感。

影響性慾的要素

女性的性慾的誘發，既有生理基礎，又有心理因素、文化教育、社會環境等參與其中，並受到社會規範和道德的約束和制約。因此，對人類的性慾要有一個正確的認識，既不要人為的壓抑，又不能恣意放縱，一般說來，影響女性性慾的要素有以下幾點。

- **性心理驅動**：即處於性心理、性生理成熟階段的女性，出於對異性的鍾情、懷春、愛慕等心理活動，尤其是在感情真摯、熱烈的基礎上，最容易激發起愛撫、擁抱、接吻等接觸慾。
- **性器官成熟**：隨著青春期後性器官的發育漸趨成熟，人體內的性激素水準會驟然升高，它們是驅動性慾的原始動力。
- **性分泌增加**：即性器官分泌產生的物質，如女子的前庭大腺液等，大量積聚充盈，可激發性慾。
- **性行為體驗**：以往性行為體驗到的愉悅快感的感受和經驗，可產生條件反射，成為誘發今後性慾的一種潛在的內驅力。

· **腦接收訊息**：大腦皮層接受來自異性體態、異性的觸撫、體香體味、語言、具有性描寫的文字、圖片、影視、光碟等第二信號系統的刺激，可強烈的激發性慾。

影響性慾的原因

女性性慾是性功能的第一個環節，可因年齡、個性、精神狀態、身體健康、生活條件與環境、工作忙閒、夫妻感情、性生活經歷不同而不同。性慾的高低，也有週期性的變化，特別是從未有過性生活經歷的人更為明顯。

要構成刺激，引起性反應，必須透過人的感覺器官的觸覺、聽覺、嗅覺、味覺才會發生作用。對於一個人來說，究竟要什麼樣的感覺，如何刺激才能引起性興奮，並沒有一定的規則，每個人都有自己獨特的性興奮觸發因素。

· **觸覺**：人的觸覺，主要是透過皮膚來完成。皮膚是人體上最大的感覺器，布滿了豐富的神經末梢，能夠傳遞冷、熱、痛、癢、軟、硬、黏、膩、溼、滑、粗、細等訊息，許多觸覺能夠帶來愉快的感覺，與性慾行為密切相關。常見的接吻和擁抱，就是透過觸覺來實現的，它既可以引起性慾，又可以作為性行為的準備，而人體皮膚的神經末梢分布在全身，儘管觸覺是性感覺中最重要的，但觸覺特別

依賴於心理、情緒。如果使用不當，反而會成為破壞性慾和性行為的因素。

‧ **視覺**：視覺是人類接受外部訊息最多的來源，性慾最容易受視覺所刺激，這就是色情影片為何有誘惑力。視覺與性慾的關係可以從失明者身上得到證實。據調查，國外從青春期開始失明的男子因為一直生活在黑暗中，無法有感覺方面的刺激，54 名被調查者中，有 52 名不是陽痿，就是性功能很差。

‧ **聽覺**：聽覺是人的智力發展的高級感覺領域，在性活動中，它對性喚起有重要作用。如夫妻在性活動前、性活動中的竊竊私語，對於雙方的思想交流，以及促進雙方進入性興奮都必不可少，一旦進入性高潮的階段，語言所表達的意思可能會變得含糊不清，所剩下的只是一種充滿熱情的語音語調。常見透過聽覺欣賞音樂會對性慾產生特殊的影響，主要是它的節奏和韻律。

‧ **嗅覺**：嗅覺對動物的性選擇和性活動極為重要，某些雌蛾只要分泌 0.1 微克的物質，就會引起 10 億隻雄蛾趨之，人的嗅覺器官的破壞可直接影響性功能。

‧ **味覺**：它對性功能作用相當輕微，但有時接吻透過唾液的交流，以其特別的味道刺激性慾。

第一章　角色定位的心理認同

培養健康的性慾

　　心理因素與女性性生活的和諧關係極為密切，它需要夫婦雙方共同培養。夫婦之間的互敬互愛、平等相待、互相體貼、互相配合，是性生活和諧的極為重要的心理條件。夫婦雙方對性慾的要求和享有性慾滿足與性快感的權利是平等的，不是單方面的，更不是一方從屬於另一方。

（1）健康性慾的標準

　　每次性生活，不論男女哪一方先提出要求，都是正常的生理與心理現象。但是否進行，則要根據雙方當時的心理狀態和身體情況來決定。如果一方心理上不適，例如緊張、焦慮、憂傷、煩躁，或正在集中注意思索問題或身體不適等，這時另一方要體貼、照顧對方，不要強求或強迫對方進行性生活，否則不僅性生活不和諧，還可能對對方造成性生活的心理創傷，而影響日後性生活的和諧。

　　在健康性慾的培養過程中，性快感在夫婦關係中占有特殊且重要的地位。性快感的滿意程度對夫妻生活有著很大的調節作用。夫妻的性快感滿意度是衡量夫妻關係滿意度的一個重要部分，但不是唯一的部分。夫妻的價值觀，心理相容對夫妻關係滿意度也有很大的制約作用。

　　在性行為的開始階段，人的個性心理特點與性興奮有著密切的關係，例如性急的人，可能興奮迅速；慢性子的人，可能

興奮緩慢。在準備階段中，最需要的心理因素是夫婦雙方互相愛慕，密切配合。

在性行為的性交階段，男女雙方共同的心理特點是情慾亢進，熱情滿懷。男方感到歡快與滿足，女方感到激動與舒適。

在性行為的結束階段，男方的心理特點是性興奮急遽下降，性欲望消失。雖略有疲憊，但心情欣慰。女方的心理特點在這個階段的開始，往往心情最為舒適愉快，坦然鬆弛，隨後女方的性欲望逐漸地平息下來。這時，妻子需要丈夫的撫愛和溫存，這對雙方感情的親暱和性的依戀很重要。

（2）健康性慾的原則

一般來講，女性培養健康的性慾心理應該注意如下因素：

第一，夫婦雙方都有性的欲望和性的衝動，而不是一方有性的衝動，另一方卻不以為然。

第二，夫婦雙方都互相有著同房的需求，並為此感到輕鬆愉快，而不是單方需求，另一方應付了事。

第三，夫婦在同房時，注意力高度集中在性行為上，沒有其他的意念，不想與性生活無關的事情，不想入非非。

第四，夫婦在同房中，激動、興奮、歡快的情緒相互感染，並相互激勵對方。這時的表情、姿勢、語言、語調等都是相互觸發性的快感的方法，而不是一方有不自然、勉強或為難的表示。

第五，夫婦雙方是在高度的舒坦、喜悅和滿足中完成性行為，而不是毫無趣味。

貼心小提示

身為女性，您在培養健康的性慾觀念時，一定要去除「性生活是男的主動、女的被動」的觀念。因為這種觀念是不符合夫妻性生活的實際情況的。夫妻性生活的和諧是要透過雙方的主動配合才能獲得。如果僅僅是丈夫主動，妻子被動，夫妻性生活就難以協調。

「丈夫主動，妻子被動」的觀念壓抑了女性的性欲望，使女性在性生活中難以達到性高潮，不能獲得應有的性快感。

這種傳統的觀念使有的女性把過性生活看成是妻子向丈夫應盡的義務，而丈夫卻不認為過性生活是對妻子應盡的義務，這實際上是夫妻性生活問題上的男女不平等。

您在婚姻生活中要破除過性生活「丈夫主動，妻子被動」的錯誤觀念，樹立夫妻性生活平等的觀念，這樣，有助於您的性生理與性心理的正常發展，有助於您的性慾得到適當的滿足，也有助於夫妻性生活的協調與滿意。

第五節　懂得預防心理性性功能疾病

心理性性功能疾病是由於內心因素而導致的性障礙。它不是指器質性的病變，也就是說性器官沒有異常或病變，而是因為心理因素造成的。心因性性功能疾病對女性來說，是指在進

行性行為時，總是對性行為的體驗感到不滿意，這會影響到夫妻的情感與生活。因此要懂得預防與心理調適。

了解心理性性交疼痛

性交疼痛是女性比較常見的性功能疾病。它為女性帶來性生活的痛苦，常引起夫妻感情不和，有的甚至導致婚姻破裂。

一位女性在求醫時說道：「我結婚多年，什麼都如意。就是夫妻間性生活使我感到痛苦和害怕。我丈夫性慾強，不達到他的要求他就發脾氣，過性生活簡直是受罪。我想提出離婚，但又難以啟齒，您說我該怎麼辦？」

其實，這位女性就是患了心理性性交疼痛症。新婚之夜與新婚後數日，性交時女性處女膜破裂出血並產生疼痛，這是正常現象。疼痛嚴重者，可暫緩幾日性生活，疼痛較輕微者尚可繼續過性生活。

結婚後經常在性交時出現疼痛，稱為性交疼痛。性交疼痛的部位一般在外陰部的陰道口周圍，也有在生殖器深部，甚至有的引起腰痛或下腹疼痛。性交疼痛發生在性交的時候，但有的嚴重者在性交結束後數小時仍有疼痛。

（1）心理性性交疼痛的原因

性交疼痛的發生，多數是在剛結婚不久，也有婚後一段時間才出現，還有少數人在更年期發生。性交疼痛原因可分為心

理性與器質性兩種。性交疼痛大多數是由消極心理因素引起的。下列的心理因素可能引起女性性交疼痛：

第一，有的女性暗示性高。未婚前聽說性交疼痛，結婚後由於性交疼痛暗示誘發或加重性交疼痛。

第二，男性性交動作粗暴，引起女子不適和疼痛，經常如此，便會造成性交恐懼與疼痛的條件反射。

第三，有的女性對性交存在顧慮，例如害怕性交懷孕，因此對性生活產生恐懼心理，從而有性交會帶來不適與難受的感覺。

第四，性交的心理準備不足。往往男方一有性衝動，就開始性交。女方尚未動情，陰道分泌物尚未出現，陰道乾澀，易引起性交疼痛。

（2）心理性性交疼痛的療法

對心理性性交疼痛，主要是心理治療，具體方法如下：

第一，採取避孕措施，消除害怕懷孕的恐懼感，使性交在充分的心理安全感的條件下進行。

第二，性交時夫妻密切配合，特別注意必須在女方動情之後才能性交。

第三，要對性交疼痛的女性講明，除器質性因素，如陰道的疤痕，外陰與尿道炎症等外在通常的條件下性交才會疼痛外，其他情況的性交是不疼痛的，由此先消除女性對性交必然

疼痛的錯誤觀念，慢慢性交疼痛就會消失。

了解心理性陰道痙攣

在性交前或性交時，陰道發生了強烈的和持續的收縮，稱為陰道痙攣。陰道痙攣發生可僅限於陰道口周圍的肌肉，也可包括陰道肌肉全部都收縮，同時可能伴有外陰部、大腿內側，甚至下腹部感覺過敏。陰道痙攣輕者使男女雙方性交感到不適，較重者使女方感到陰道疼痛，甚至使男方陰莖無法進入陰道，不能過性生活。

（1）心理性陰道痙攣的原因

源於女性對性生活的無知而產生的恐懼、緊張、擔心、害怕的心理，一般來說，下列心理因素均可造成心理性陰道痙攣。

第一，女性對性生活缺乏正確的認知，造成恐懼感，會導致陰道痙攣。

第二，女性害怕性交造成懷孕，心情緊張也會引起陰道痙攣。

第三，新婚之夜性交時，男方過於粗暴，造成女方的恐懼感，引起陰道痙攣。

（2）心理性陰道痙攣的療法

採用以下心理治療效果較好。

第一章　角色定位的心理認同

第一，對女性進行有關性交的科學知識教育，消除對性交的顧慮與恐懼感。

第二，性交時採取充分的避孕措施，使性生活在有充分的心理安全感條件下進行。

第三，男方在性交前要充分做好對女方的愛撫工作，性交時動作要輕緩。

了解心理性性冷淡

性冷淡指的是缺乏性慾，對性生活沒有要求，表現冷漠，甚至厭惡；或雖有性慾要求，但性交時缺乏快感；或稍有快感，但達不到滿足。通常情況下，性冷淡在女性方面較多見，在男性方面則少見。

據有的調查資料顯示，在不同的國家和地區，未曾體驗過或很少體驗過「性感高潮」的女性在10%至90%之間。

一般說來，絕對的永久的性冷淡是極為少見的，大都是一時性的，是可以轉變的。如有些女性在結婚初期，由於高度恐懼感而造成性冷淡，隨著性生活經驗的累積，性冷淡也就逐漸消除了。

（1）心理性性冷淡的原因

引起性冷淡的原因大都由精神因素所引起。下列一種或幾種因素，都可能在一定的條件下引起女性性冷淡。

· 對性生活缺乏正確的認識，誤認為性交是骯髒下流、淫蕩不潔的行為，使性慾受到抑制。

· 對性交存在恐懼的心理，例如怕性交疼痛等，抑制了性慾的調動。

· 對妊娠恐懼，避孕又不得法。

· 居住條件差，甚至幾代同居一室，性交不便，心神不寧，性慾難以激發。

· 男方性行為過於急躁或粗暴，不但無法激發女子的性欲望，反而會引起女方的厭惡。

· 對男女性功能過程的差異認識不足，夫婦性生活不協調，不和諧，女方往往僅僅為了盡妻子的義務，處於應付狀態，難以喚起性興奮。

· 部分夫婦是由於本身感情不和睦而造成的。

· 女方有較重的手淫不良習慣，婚後性交得到的快感不夠。男方陽萎或早洩，難以使女方獲得性滿足。

· 性交時，心境不佳，例如憂鬱、悲傷、驚嚇、恐懼等。

(2) 心理性性冷淡的防治

　　首先是要消除消極的心理因素，糾正錯誤認知。透過自我暗示、自我調適，針對性的解除負面的心理因素，必要時可以進行如下心理治療。

· 夫妻之間的性生活應該互相配合，達到性愛和諧，才能在

做愛中取得「雙贏」。工作上要勞逸結合，生活上要增添浪漫氣氛，丈夫對妻子的體貼和溫柔會增加她的性趣。

．積極治療引起「敗性」的疾病，只有袪除「敗性」的病患，才有高品質的性生活。性激素缺乏所致的患者，可以在醫生指導下用雌激素代替藥物，也可用增加血流改善性喚起的藥物等。中藥等益腎壯陽藥物也可治療女性性慾壓抑。

．停用「掃性」藥物，多數人在停藥後「冷卻」的性慾就會再度「點燃」。

．多看有關性知識的讀物，多向醫生諮詢，提高性欲望，改善做愛技巧，讓女性能夠真正地享受性愛。

貼心小提示

如果您是一個心理性性冷淡者，那麼這裡再為您介紹一套按摩的治療法，希望能夠幫您克服這種不良的心理疾病。

1. 性敏感部位按摩

性敏感部位是指能夠激起性慾與性興奮的體表帶或穴位。它包括性敏感帶和敏感點。女子的性慾敏感帶如耳朵、頸部、大腿內側、腋下、乳房、乳頭等部位最敏感，其敏感點有「會陰」、「會陽」、「京門」等穴。

按摩性敏感帶時，男方宜緩慢輕揉，使之有一種舒坦的感覺；按摩敏感點時，可用指頭掌面按壓，以柔濟剛，達到激發起女方性慾的效果。總之以女方體驗到一種快樂、舒適感為原則。每天按摩一次即可。

> **2. 腰部按摩**
> 取直立位，兩足分開與肩同寬，雙手拇指緊按同側腎俞穴，
> 小幅度快速旋轉腰部，並向左右彎腰，雙手掌從上至下往返
> 摩擦，約 2 分鐘至 3 分鐘，以深部自感微熱為標準，每天 2
> 次至 3 次。
> **3. 神闕按摩**
> 仰臥位，兩腿分開與肩同寬，雙手掌按在神闕穴上，左右各
> 旋轉 200 次，以深部自感微熱為標準，每天 2 至 3 次。

第六節　防備心理性性行為變態

心理性性行為變態簡稱性變態，也稱性變態心理、性倒錯。其變態的種類很多，表現為性慾的喚起、性對象的選擇、滿足性慾的方式與正常的性活動不相同。

對於這種心理性的性變態行為需要透過心理治療來糾正。一般說來，性變態行為受害者大都是女性。為此，女性必須提高自我認識的水準，了解一些常見的相關知識，才能防止與減少遭受性行為變態的侵犯。

認識裸露癖

裸露癖是較常見的一種性心理變態，也是性犯罪中最普遍的一種類型。裸露患者大多數是男性，裸露者在某種場合向女性顯露自己的陰莖，說下流話，使對方驚恐不安，以此來滿足

自己的性慾。

　　裸露癖的受害者多數是年輕女性，並且不少都是獨居者。裸露癖本人一般是與受害女性保持相當的距離，並沒有性接觸。裸露癖多發生在春夏季節。

(1) 裸露癖的原因

　　此病的發病以男性患者居多，發病原因目前尚無定論，一般認為導致的原因有以下幾種：

　　第一，從種族和個性發育的角度來看，裸露癖是原始性行為的釋放。

　　第二，與幼年經歷有關。許多裸露癖患者在幼年時都有與異性或同性小夥伴互摸外生殖器，裸體或在成人面前炫耀生殖器，看異性成人裸浴或大小便等經歷。

　　成年以後，這些幼年時取樂性的性經歷依然存留在潛意識中，以至於一旦遇到性壓抑或重大精神創傷，且由於個性缺陷無力化解時，便不自覺地用幼年的方式來解除和宣洩成年的煩惱。這是裸露癖等性變態心理和行為產生的主要原因之一。許多裸露癖患者的性心理發育遠未達到成熟水準，幼年經歷依然影響其成年後性慾滿足方式。

　　第三，性格缺陷。性格情緒常常與性變態心理和行為有著互為因果的關係。許多裸露癖患者的性格上都存在某種缺陷，特別是性心理發育不健全，表現為拘謹，孤僻，怕羞，少言寡

語，見到女性就臉紅或從不與女性開玩笑，加之性知識貧乏，常常用兒童式的幼稚性行為來解決成年人的性慾問題。

(2) 遭遇時的應對

對於女性而言，遇到裸露癖絕對是一件非常晦氣的事情，一般女性都不希望自己會有這個「眼福」，但是世事難料，如果不幸遭遇了裸露癖怎麼辦？

有人說遇到裸露癖，女性不應該尖叫，因為這樣只會增加裸露癖心理上的快感，實際上這種說法必須要滿足一個條件，即以現場為中心，方圓 1,000 公尺內沒有人煙。

實際情況是，女性的尖叫會使對方驚慌失措，尤其是在公共場合，周圍人比較多的情況下，他會迅速逃之夭夭，因為裸露癖大多不希望自己的行為被其他人看見，以免帶給他危險，而且裸露癖也會感到難為情，所以女性的尖叫不但無助於他的心理滿足，反倒有可能導致他暫時性陽痿。

為此，當女性不幸遇到裸露癖患者時可以使用兩種相對合適的應對辦法，可以大聲尖叫，或者從容走開，盡量不要試圖去刺激或者打擊他。因為第一沒有這個必要，第二裸露癖也有自尊心，如果女性上去說他的性器官小，萬一對方對其做出壞的事情來，會由此造成不必要的麻煩。

另一方面，裸露癖不過是一種性心理變態反應，裸露癖者很少有攻擊性和暴力傾向，很多人事後都會很後悔懊喪，但當

時卻難以自控。所以，女性遇到裸露癖時最好不要驚慌，因為自己越不驚慌，他的反應程度越低。不少裸露癖會覺得無趣而結束露陰行為或快速離開。

認識窺淫癖

窺淫癖指的是以窺視異性的裸體或性生活獲得性快感和性滿足。窺淫者多為男性，尋找某種場合窺視女性在脫內衣、裸浴，對受害女性不進行接觸。在性犯罪中，窺淫癖較多見，雖受到處分、逮捕、法律制裁，但惡習難改。

(1) 窺淫癖的原因

導致窺淫癖的原因一般認為有以下幾個部份的原因：

· **兒童時代的不良影響**。研究發現，窺淫癖者大都是幼年時受到不良視覺性誘惑影響或有不良的性經歷，使得性心理發展受阻的結果。典型的情況是患者在幼年時看到母親的全裸體或窺視到雙親的性交行為，產生了某種身心方面的不良反應。

· **偶然的窺淫行為**。偶然的窺淫行為與手淫結合的不良影響。經過調查研究發現，窺淫行為與性喚起之間形成條件反射的關係最初大多是偶然的，如果事後不用手淫去加強，並且把那個偶然事件當做手淫時性幻想的內容的話，這種癖好最終可能就不會形成。

- **色情文化的影響**。一些青少年在看過黃色書籍或影片後，由於內在的性的萌發和衝動，會對異性性器官產生強烈的興趣，並在看後出現性滿足。當性成熟之後，可伴窺視異性裸體或性行為而體驗到性快感，這種連繫一旦形成即成為窺淫癖者。
- **智力缺陷或其他**。智力缺陷或其他問題造成性方面的壓抑可導致窺淫癖。如智力低下者無法解決婚姻問題，性知識缺乏、性自信心低下、對性行為懼怕、有一定的性功能障礙等原因都易促發窺視異性的裸體或他人的性行為的動機，並在窺視行為中得到程度不同的性滿足，而形成窺淫癖。

（2）遭遇時的應對

像裸露癖一樣，窺淫癖在一些個案中似乎為那些對其他性行為方式感到焦慮和受壓抑的男性，提供了一種替代的滿足感和對自己力量的確信。偷窺者在社會生活和性方面通常都是退縮的，因為在他們的發展過程沒有什麼東西讓他們吸收到更加適當的人際交流技巧。

認識虐待狂和受虐狂

虐待狂也稱施虐淫，是指透過對異性施以精神和肉體折磨，造成對方痛苦來滿足自己性慾的一種性變態行為；受虐狂則與虐待狂的表現相反，是指透過受到異性的折磨造成痛苦與屈辱來滿足自己的性慾，異性的虐待使他在痛苦中獲得性快感。

第一章　角色定位的心理認同

　　受虐狂以女性較為多見。虐待狂常與受虐狂連繫在一起。有些男女各自充當一種角色，互相滿足；還有的人自己身上就有這兩種變態性心理和行為傾向，常輪流交替充當兩種角色，以體驗兩種方式帶來的性快感。

（1）虐待狂的原因

　　虐待狂和受虐狂的形成原因目前有多種不同解釋。關於虐待狂的形成，研究認為與以下幾種因素有關。

　　第一，與童年生活經驗有關。由於家庭教育環境中的某些因素，使兒童從小形成對性關係的錯誤認知。有個男性虐待狂在6歲時無意窺見父母在臥室裡的性生活，父母的翻滾、掙扎、撕扯和氣喘吁吁使他大惑不解。年紀大一點的夥伴告訴他：你別看他們很痛苦，那可是人生最快樂的事。

　　進入青春期後，他從小說、影片中看到一些男女邊廝打和啃咬邊做愛的描寫，更喚起了童年的記憶，這種認知與態度終於發展為虐待狂，戀愛期間對女友就會有傷害，當時女友認為是失手而不在意。婚後他更是屢屢虐待傷害妻子。

　　第二，是出於對權威的反抗和對挫折的自我防衛。有的人在個人生活經歷中受到過他人的欺凌打擊，尤其是遭受過異性的拒絕、侮辱，因而形成強烈的報復與反抗心理，藉在異性身上施虐而顯示自己的力量與征服，從中獲得快感。

　　第三，是出於對過度自卑感的補償。奧地利心理學家阿德

勒曾指出，人們透過追求優越感來補償自己的自卑感。有些人對自己個人能力、生理特徵、社會地位等方面的缺陷不安，深感自卑，因而對異性實施傷害，以發洩被壓抑的性本能和心理緊張，在控制和傷害異性的過程中，自己的優越感似乎得到顯現與證明。

（2）受虐狂的原因

受虐狂的形成也可能是由於童年經驗和性意識的混亂造成的，如認為受異性虐待至痛苦是性愛的必然內容；其次是自責自罪感的表現。有的人認為自己對不起異性，產生內疚和罪惡感，從而甘願接受異性的凌辱以表示在痛苦中對異性的服從和自罰，並與性衝動結合起來，形成受虐狂傾向。

有的女性由於子宮病變，不得不動手術摘除子宮，於是產生自責自罪感，把手術當做對自己「無能」或「造孽」的懲罰，以至形成受虐狂人格。

再次是由於擔心被異性拒絕或拋棄，因而產生孤獨感、恐懼感，進而形成性變態心理，希望透過接受異性的凌辱與傷害來表示自己接受對方的愛。

（3）虐待狂和受虐狂的調節

由於虐待狂和受虐狂的變態行為常造成傷害，觸犯社會道德和法律。所以加強法制教育，使這些人明確了解自己行為的法律後果是必要的，同時也有助於暫時抑制與虐待相連繫的性衝動。

第一章　角色定位的心理認同

　　但更重要的是重視童年教育和家庭環境影響，家裡成人在幼兒面前言行舉止要檢點，防止孩子自幼形成錯誤的性觀念和性慾倒錯，及早消除不良人格的萌芽。

　　在孩子進入青春期後，家長應以適當方式告訴孩子，怎樣與異性健康地交往，怎樣建立正常的異性友誼和感情；並向他們推薦適合的性知識讀物，幫助他們了解正常的性生理功能、心理需求及為社會認可的需求滿足途徑。再者，對於虐待狂者，必要時可將其與經常虐待的異性對象隔離開來；不允許別人滿足受虐狂者的虐待要求，為治療其變態性行為提供條件。

　　除以上常見的性變態之外，其他的性行為變態還有許多，這裡就不一一詳述。

貼心小提示

性變態的人，一般對於正常的性生活沒有興趣，甚至心懷恐懼，而變態行為帶有強迫性，反覆發生，有的為此曾多次受到懲罰，自己有時也為自己的行為感到厭惡和悔恨，但最終還是「故伎重演」。大量的調查證實，性變態的患者多數是與幼年的教育有關，為此，建議父母應該學會從孩子幼小時就預防他們出現性格的異常。

1. 處理好戀母情結的轉化

預防各種性變態行為要從幼兒開始，尤其是處理好 3 歲至 5 歲時幼兒戀母情結的轉化。比如母親不要過於溺愛孩子，另外在孩子面前強化對父親優良品性的認可，否則如果過度溺

愛而又在面前指責孩子父親的不是，會阻礙男孩將對母親的依戀轉換為對父親的認同。

2. 避免不良的性刺激

母親在男孩 3 歲以後不宜與他同床共眠，不要在孩子面前穿著內衣，不要玩弄男孩的性器官，夫妻親密行為尤其是性生活要避免讓孩子看到。

3. 及時正確的性教育

在不同年齡階段要根據孩子的心理特點進行及時正確的性教育，引導他們正確認識兩性生理和心理的差異，消除對異性的過分神祕感。對異性的好感或愛慕甚至青春期戀愛不要一味地打壓而要合理地引導。

4. 培養孩子良好的性格

要高度重視家庭環境對幼兒人格的影響。鼓勵孩子努力學習，積極參加集體活動，培養良好的品格特質，如開朗大方、勇敢自信等。

5. 減輕孩子的壓力

父母除了關心孩子的身體健康和學業以外，更要重視孩子的心理健康，形成親密的親子關係，並學會協助孩子減輕各種壓力。

第七節　破除性的傳統錯誤觀念

由於受種種傳統意識的影響，在我們的生活中，不少女性對性生活有著一些錯誤的觀念。這些錯誤觀念在一定程度上壓

第一章　角色定位的心理認同

抑了女性正常的性慾，影響已婚女性性生活的正常滿足，更有
甚者，導致性疾病。

　　因此，打破女性性生活的傳統錯誤觀念，對於促進女性性
生理與性心理的正常發展，以及防止產生性疾病都有著重要的
意義。

性生活絕不是低級下流

　　長期的封建社會形成了女性視性生活為低級下流的觀念。
封建社會宣傳丈夫死去，女性守寡，「餓死事小，失節事大」
的封建道德。

　　在現實生活中，性生活是低級下流的觀念還存在。例如，
有人認為宣傳性知識是不能登大雅之堂的；有人有性生活的障
礙與性疾病也不敢去諮詢求醫；有的女性由於丈夫缺乏性功能，
無法過正常的性生活，在提出離婚的理由時不敢正視性生活問
題等。

　　其實，夫妻的正常性生活是正當的生理需求與心理需求，是
不以人的意志為轉移的客觀規律。夫妻性生活是夫妻生活中的一
個重要組成部分，夫妻性生活的滿足是夫妻生活幸福的一個組成
部分。沒有人類的正常性生活，人類本身就無法繁衍與存在。

　　為此，已婚女性應該徹底破除性生活是低級下流的錯誤觀
念，樹立夫妻的性生活是正當的生理需求與心理需求的觀念，
才能有一個美滿的性生活。

認識性生活與健康

　　夫妻正常的、適度的性生活不僅不影響身心健康，而且還有利於身心健康。適當的性生活，夫妻在性生活中獲得舒適感與滿足感在一定的程度上促進人的身心健康。

　　已婚夫妻缺乏適當的正常的性生活，在一定條件下會影響身心健康。而且還可能產生心理上的壓抑感，影響夫妻的感情。

　　當然，已婚夫妻過度的性生活就會影響身心健康。縱慾的結果會產生生理疲勞與心理疲勞，導致注意力不集中、記憶力衰退。思維遲鈍、精力不足、工作效率降低。

　　性生活是有益於健康還是有害於健康，關鍵在於性生活的頻繁程度。而性生活的頻率不能用機械式的規定。一般來說年輕夫妻的性生活一週 1 次至 2 次為宜，中年夫妻的性生活每週 1 次為宜，老年夫妻的性生活半月 1 次為宜。

　　影響夫妻生活的頻率的因素很多。身體健康，精力充沛的時候，性生活的頻率可高一些。健康欠佳，身心疲勞的時候，性生活的頻率可低一些。夫妻感情深厚，性生活的頻率可能高一些。夫妻感情淡泊，性生活的頻率可能低一些。在節假日的良好的氣氛下，性生活的頻率比平時可能高一些。在心情比較愉快，精神比較放鬆的時候，性生活的頻率可能高一些。在心情憂鬱，精神緊張的時候，性生活的頻率可能低一些。夫妻久別重逢的時候性生活的頻率比經常同居要高一些。夫妻性生活

和諧滿意，性生活的頻率較高。夫妻性生活不協調，性生活的頻率比較低。性生活的環境安寧舒適，性生活的頻率比較高。性生活環境雜亂不安寧，性生活的頻率比較低。經常接觸色情刺激，性生活的頻率比不接觸色情刺激時候要高一些。

衡量性生活的頻率有利於身心健康還是有害於身心健康的指標，是性生活後的第二天的自我感覺。自我感覺良好，心情舒適，精力充沛，是性生活頻率適當的標誌。自我感覺不好，頭昏眼花，身體疲乏，精力不足是性生活過度的標誌。

性生活是否是有利於健康，關鍵在於掌握性生活的頻率。那種不加分析地，籠統地散布性生活影響健康的觀點，將會影響夫妻獲得性生活的滿足。它使有些夫妻性生活在焦慮、不安的心情下進行，難以充分地獲得性生活的快感。

性生活需要和諧

性生活是男的主動、女的被動的觀念比較流行。這種觀念是不符合夫妻性生活的實際情況的。夫妻性生活的和諧是要透過雙方的主動配合才能獲得。如果僅僅是丈夫主動，妻子被動，夫妻性生活就難以協調。

為此，要破除過性生活由丈夫主動，妻子被動的傳統的錯誤觀念，樹立夫妻性生活要求平等的觀念，這樣可以有助於女性的性生理與性心理的正常發展，有助於女性的性慾得到適當的滿足，獲得性高潮帶來的性生活的快感，有助於夫妻性生活

的協調與滿意，有助於女性產生性生活要求時主動向丈夫提出，改善總是由丈夫主動提出性生活地要求。

性生活與年齡層

一般說來，年輕人對性生活要求比較迫切，年輕夫妻性生活頻率比較高是事實。但如果認為性生活只是年輕人的事則是不符合實際的。

根據調查研究結果來看，多數老年人有性的欲望，有性行為是客觀事實。老年人性生活的頻率有較大的個體差異。從有關老年性興趣、性生活的調查情況來看，「性生活是年輕人的事」的觀念是錯誤的。但是這種錯誤觀念對一些中老年人，特別是中老年女性會壓抑著正常的性欲望，阻撓正常的性活動。

女性要破除這種錯誤觀念，樹立起正確的性生活觀念。性生活是健康的中老年女性婚姻生活的一個組成部分，中老年女性可以根據自己的身體健康、性生活體驗等方面的具體情況，確定自己的性生活頻率，過正常的性生活，以促進身心健康，使生活更加和諧美滿。

貼心小提示

有些夫婦受到傳統觀念的影響，把性交之外的任何性行為都視為不正當，把愛撫視為下流的行為，這種錯誤的性觀念大大妨礙了他們性生活的和諧，因此，建議您在對待性事前的

第一章　角色定位的心理認同

愛撫應有正確的認識。

平常多練習以下運動，可以訓練肛門、陰道和尿道的收縮功能，來增強骨盆肌肉的強度與張力，不僅能讓您過得更「性」福，也有改善尿失禁的功效哦！

具體方法是剛開始，可以在解尿時嘗試收縮肛門肌肉以中斷尿液，但不可使用到腹部力量，每次如此重複約 10 次左右，每天進行 3 遍。選擇從解尿時開始練習，是因為要熟悉排尿的感覺，但若習慣了做此運動之後，就不要再在如廁時或有尿液感的時候做，以免使得尿液留在膀胱無法排出。

第二章　健康狀態的心理調適

健康不僅是指沒有疾病或虛弱，而且是指身體、心理和包括社會適應在內的健全狀態。也就是說，健康應該包括身體和心理兩個方面，兩者缺少哪一個都是不完整的。

因此，身為女性，我們只有懂得自己愛護自己，維護好自己的身心健康，才能提升自己在社會中的競爭力，謀求未來的幸福生活。

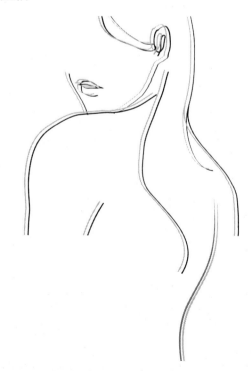

第一節　懂得消除經前緊張症候群

女性經前緊張症候群，是指女性在月經期前 7 天至 14 天出現某種不舒服的感覺以及情緒性的改變。月經來潮後症狀迅即消失。這一週期性改變有很大個體差異，也是育齡女性的普遍現象。

女性應正視經前緊張症候群的發生，不要因此而受折磨與困擾，以至於影響到工作、生活、家庭。相信掌握一定的方法，適當的進行心理調節，是完全可以減輕並消除這一症狀的。

了解經前緊張症候群的表現

很多男士都或多或少的領教過女朋友或妻子的「經前症候群」的厲害，典型症狀常在經前一週開始，逐漸加重，至月經前最後 2 天至 3 天最為嚴重，經後突然消失，具體有如下表現。

（1）精神方面

包括情緒、認知及行為方面的改變。患有經前症候群的女性最初感到全身乏力、易疲勞、睏倦、嗜睡。

情緒變化有兩種截然不同類型：

一種是精神緊張、身心不安、煩躁、遇事挑剔、易怒，細微瑣事就可引起感情衝動，乃至爭吵、哭鬧，無法自制。

另一種則變得無精打采，憂鬱不樂，焦慮、憂傷或情緒淡漠，愛孤居獨處，不願與人交往和參加社交活動，注意力無法集中，判斷力減弱，甚至偏執妄想，產生自殺意識。

（2）身體方面

包括頭部、手足以及乳房等部位的不適。患有經前症候群的女性，經前會出現頭痛，較為常見，多為雙側性，也可為單側性，疼痛部位不固定，伴有噁心嘔吐，經前幾天即可出現，出現經血時達高峰。

另外，手足、眼瞼水腫也較常見，有少數女性體重顯著增加，有的有腹部脹滿感，可伴有噁心、嘔吐等腸胃功能障礙，偶有腸痙攣。

還有些女性經前常有乳房飽滿、腫脹及疼痛感，以乳房外側邊緣為重。嚴重者疼痛可放射至腋窩及肩部，可影響睡眠。

（3）其他方面

包括食慾和皮膚等方面。患有經前症候群的女性經前食慾增加，多數對甜食的渴求或對一些有鹽味的特殊食品的嗜好，有的則厭惡某些特定食物或厭食。同時，油性皮膚、痤瘡、性慾改變。

認識經前緊張症候群的原因

經前緊張症候群的發病率在 16 歲至 50 歲的女性中高達 40％，雖然目前病因還不十分明確，但西醫認為其與內分泌因素、精神因素有密切關係，如雌、孕激素的改變，還有神經因素。

第二章　健康狀態的心理調適

有臨床觀察發現，平時情緒易緊張、急躁或性格內向、憂鬱的人更易發生經前緊張症候群。而中醫認為經前期陰血下聚，匯集到子宮，陰陽氣血偏盛或偏衰，導致身體其他部位出現氣血相對虧虛與隔絕，使經期前後臟腑和氣血的生理動態平衡失調所致。

「月經前後諸症」有實症和虛症之分。實症源於肝氣鬱結，為「不通則痛」，乳房脹痛、頭痛、心情煩躁是突出表現。

虛症則因氣血不足導致，為「不榮則痛」，所謂「不榮」即營養不夠，關鍵在於脾腎虛，所以常表現為疲勞乏力、胃痛不舒、頭痛綿綿等。

從時間先後判斷，症狀發生在月經前期或經期的前半部分，一般是第一二天，多為實症，出現在經期的後半部分，即差不多乾淨時，多為虛症。

消除經前緊張症候群的方法

一般來說，女性經前期症候群多與精神因素和身體狀況有關，為此，消除此症狀的方法是可以透過調理身心改善。

- **提高認識**：要充分認識經前緊張症候群發生的規律和特點，做好心理疏導，消除情緒緊張，只有心理上的鬆弛，才有軀體和精神症狀的緩解。

- **放鬆心情**：女性在來月經前就應盡量放鬆自己的精神，多聽聽音樂，多參加一些體育活動，找機會和同伴聊聊天。

一個人獨處時，多看自己感興趣的讀物，或想一想自己曾經歷的愉快的事，這有利於淡化對月經的關注，轉移不良情緒，放鬆心情。

同時，還要注意勞逸結合，多吃蔬菜水果，以增加維他命的攝入量，在月經前數天進行低鹽飲食，養成良好的生活習慣。

還應多和母親溝通，把自己經前期緊張症候群的情況告訴她，對以往自己情緒的失控表示歉意。當然更重要的是自身情緒的調節，學會自控。

貼心小提示

您若患有女性經前期症候群，在那幾天應有意識地控制情緒，注意休息，避免劇烈的運動，盡量做些自己喜歡做的事，比如透過聽音樂、看小說來轉移痛經的注意力。

另外，還可以運用下列方法進行防治：

1. 常按摩助活血行氣

平時可適當按壓「三陰交」和「太沖」這兩個有利於活血行氣的穴位。其中「三陰交」位於小腿內側，足內踝上緣三指寬的位置；而「太沖」則位於足部的背側，大拇指與第二個腳趾的中間。

出現痛經或小腹疼痛時，按摩此兩穴可有助緩解症狀。

2. 借助食療順氣血調陰陽

中醫治療重在平衡臟腑的氣血陰陽，更重視經後的調理。如：經行乳房脹痛飲食宜以清淡、富於營養為主，禁嗜辛辣助陽的食物，可服用中成藥逍遙丸來改善症狀；經前泄瀉與

浮腫，要適當控制水鹽攝入量，慎食生冷瓜果，可根據具體情況選用飲食療法。

比如可煲些白朮豬肚粥喝；經前失眠者要避免睡前腦神經興奮，不進辛辣溫補之品，飲食療法可選龍眼白蓮芡實粥，有肝火者白天可飲用冰糖菊花茶；經前頭痛者更要保持心情愉快，以使氣血調和；屬血虛者宜多吃牛奶、雞、豬、牛、羊肉、雞蛋等，食療可用何首烏煲雞蛋，吃蛋飲湯；肝火旺者宜多吃青菜、水果，食療可用天麻燉魚頭。

第二節　懂得克服月經來潮痛覺

女性進入特定生理期後，會每月發生陰道排血或子宮出血現象，稱之為「月經」。由於其跟海水的漲退很相似，故又叫「月經來潮」。

女性月經痛覺是指經期前後或行經期間，出現下腹部痙攣性疼痛，並有全身不適的病症。

了解經期痛覺的主要表現

經期痛覺分原發性和繼發性兩種情況，這種病症嚴重影響女性的日常生活。

原發性痛覺為生殖器官無明顯器質病變的月經疼痛，又稱為功能性痛經，常發生在月經初潮或初潮後不久，據統計，初潮後第一年內發生原發性痛經的占 75％，第二年內發生率占

13%，第三年內發生率為5%。多見於未婚及未育女性，往往經生育後痛經緩解或消失；繼發性痛覺指生殖器官有器質性病變如子宮內膜異位症、盆腔炎和子宮黏膜下肌瘤等引起的月經疼痛。常發生在30歲至40歲左右的女性，多見於已婚或已育女性。

痛經表現為月經來潮前後小腹、腰部或者骶骨有壓迫感的隱痛或痠痛。有些女性從初潮起便開始痛經，多數是在兩三年後才開始出現，而在經期中的恐懼、焦慮等心理都能增加疼痛的程度，為此，心理因素在控制經期痛覺中有著重要的作用。

認識經期痛覺的心理特點

痛覺與視覺、聽覺等感覺一樣，是人腦的機能，是人腦對客觀現實的主觀映像，這是痛覺與其他感覺的共性。但是痛覺的產生是由傷害性刺激作用於人體的結果，因此痛覺又有區別於其他感覺的獨特的心理特點。

痛覺包括兩個成分：痛感覺與痛反應。痛覺達到一定程度，通常伴隨某種生理變化與情緒反應。生理變化如血壓上升、呼吸加快、瞳孔放大、大量出汗、局部肌肉收縮、主動躲避的複雜動作。情緒反應是痛苦、焦慮、恐怖等。一般說來，痛覺伴隨不愉快的情緒體驗。痛覺與痛反應有一定關聯，但兩者又不平行。

痛覺與其他感覺不同，受人的心理因素影響很大。同樣的痛覺刺激強度，在積極的心理狀態下，往往痛覺較小，痛反應輕微。而在消極的心理狀態下，則痛感覺較大，痛反應強烈。

第二章　健康狀態的心理調適

　　與其他感覺比較，痛覺不夠穩定。痛覺表示痛覺感受性高低，痛覺低即表示痛覺感受性高；痛覺高，則表示痛覺感受性低。由於引起痛覺的刺激是傷害性的，多次重複刺激使組織對痛刺激敏感，造成痛覺不夠穩定。

消除經期痛覺的方法

　　心理學的研究與臨床的大量觀察證明，心理因素既可以誘發與加強疼痛，也可以延緩與抑制疼痛。因此，利用心理因素控制女性經期痛覺是當今控制疼痛的有效方法之一，它運用到我們生活中，主要有下列幾種方法：

- **自我暗示法**：當女性在經期痛覺時，我們可以口唸或心裡想：「等一下就會不痛了。」等自我暗示的口語。實驗證明，這往往會收到一定效果。特別在使用鎮痛藥物的同時，配合自我暗示法，能夠大大加強鎮痛藥物的鎮痛作用。
- **轉移注意法**：研究發現，在女性經期痛覺時，如果自己的注意力都集中於疼痛上，將使疼痛加重，而把注意力從疼痛上轉移到其他有趣的事物上去，如看電影、聽音樂等，疼痛就會減輕甚至消失。
- **情緒穩定法**：情緒穩定與鎮靜不僅使痛覺的感受遲鈍，而且使痛反應減少。為此，女性在經期痛覺時，保持情緒的鎮定是控制疼痛的有效方法之一。

· **意志控制法**：在堅強的意志和堅定的信心的支持下，對於嚴重的身體疼痛，有著巨大的抗痛力量。如某位女士在工作時不慎被火灼傷，當時的燒傷面積達 98％，她以堅強的意志與醫務人員密切配合，堅持治療，終於戰勝了疼痛和燒傷，創造了醫學史上的奇蹟。為此，女性在經期痛覺時，還可採用意志控制的方法緩解疼痛。

心理學方法鎮痛不僅是當今控制疼痛的方法之一，而且對外科手術、藥物鎮痛、生理學方法鎮痛都有重要的調節作用。消極的心理狀態減低其他方法的鎮痛效果，而積極的心理狀態卻能夠增強其他方法的鎮痛效果。

貼心小提示

身為女性，大凡都經歷過經期痛覺，在疼痛的時候，您會發現，當天氣好、心情好時來月經，您的這種痛覺程度就會減輕，而當天氣比較冷或是生病時就會特別痛。

為此，這裡特別提醒您，您除了要保持樂觀的心態之外，還要注重以下的經期護理！

在月經來的第一天，您要特別注意保暖，特別是腹部，最好用熱水袋敷著，即使在夏天，月經那幾天也不要讓腹部受涼。

在飲食方面，切勿吃生冷寒涼食品，如西瓜、冰棒之類，因生冷食品會刺激子宮收縮，從而誘發或加重痛經。在生理期間也不能用冷水洗頭，因為受寒可引起子宮受縮，導致下腹疼痛。

> 另外，月經期要多休息，不要做劇烈運動，特別要是避免游泳、滑水等運動，以免傷害自己的身體健康。

第三節 學會預防不良情緒性的閉經

閉經是一種婦科疾病。它有幾種類別，如原發性閉經、繼發性閉經、病理性閉經、心因性閉經等。

一般來說，女性年滿 18 歲月經尚未來潮者為原發性閉經，這種閉經約占女性閉經總數的 5%；月經初潮之後又停經三個月以上者稱繼發性閉經；由於生殖系統的局部病變和全身性疾病引起的閉經，稱為病理性閉經；由心理因素造成者稱心因性閉經，它是繼發性閉經的一種。

心因性閉經在臨床上並不少見，如情緒緊張、妊娠恐懼等都可以侵擾中樞神經與下視丘間的功能，從而影響內分泌系統而導致閉經。

了解情緒性閉經的表現

女性月經與神經系統、內分泌系統有著密切的關係。一些因適應不了激烈競爭的環境和複雜的人際關係的女性，及一些因感情上受到嚴重傷害的女性都會出現情緒性閉經現象。

由不良情緒發生的繼發性閉經醫學上又稱為「假性懷孕」，這是一種與心理因素有關的病例。有的女性發生了閉經

以後，以為是懷孕了，但實際上並非懷孕，通常發生在非常想要孩子的女性身上。這些女性可能表現出懷孕的症狀。然而，經過仔細檢查卻無懷孕跡象，是由於這些女性對生兒育女的期望過於強烈的心理因素影響，使神經系統的功能失調，從而導致了「假性懷孕」。

認識情緒性閉經的原因

造成這類閉經的原因有過度的精神緊張、恐懼、憂慮、悲傷，突然的環境改變，生活的規律打亂、劇烈的思考、強烈的妊娠願望等，都可以擾亂中樞神經與下視丘間的連繫，從而影響內分泌軸的功能，發生卵泡成熟障礙而致閉經。如女學生在臨近重要考試前，新兵入伍後，女犯人拘禁期間等的閉經都屬這類。

此外，可致心理因素造成閉經情況還有：學生考試期至、失業、調換工作和男友發生衝突或親人亡故等。

研究發現，性格內向、依賴性強、不喜交往、多思多疑的女性都極易在心理刺激下產生不良情緒而致閉經。

懂得情緒性閉經的預防

閉經是女性很敏感的問題，未婚女性會擔心影響健康，影響婚戀；已婚女性擔心會影響生育，因此憂心忡忡、敏感多疑、煩躁不安。這樣的情緒應激又常會引起內分泌紊亂而加重病情。因此，女性平時一定要保持良好的心態，這樣可以避免閉

經的情況發生。

　　預防情緒性閉經，最重要的是讓女性了解月經的生理衛生及月經與情緒的關係，進行情緒放鬆訓練，相信過分擔憂，多疑、緊張的情緒改善後，月經週期是可以恢復正常的。

　　對有明顯個性缺陷的女性，應要求她們提高對外界的適應能力，保持情緒的穩定性，阻斷不良情緒導致閉經而閉經又加重不良情緒的惡性循環。少數閉經患者在全身調整的基礎上可在醫生指導下補充適當的雌激素，以調節卵巢功能，製造人工週期，當人工週期建立之後，病人的緊張及憂慮狀態得以改善，易使月經恢復正常。

　　此外，利用大自然來愉悅身心，陶冶情操，到大自然中去走一走，看一看，對調節人的心理活動也有很大的效果。為此，當女性感到情緒緊張、不安，心理壓力大的時候，千萬不要一個人關在屋裡生悶氣，而應到環境優美，空氣宜人的花園、郊外，或附近農田小路上去看看書、散散步，這些活動對於幫助自己舒緩不良心緒，祛除人生煩惱大有好處。

貼心小提示

對於情緒性閉經，您除了要保持一個良好的心態之外，還可以透過改變日常飲食習慣、注意營養的攝取與適當運動來改善。維他命與礦物質對克服經前不適症極為重要，為了避免不良情緒造成的閉經，建議您每日飲食多攝取以下食物：

維他命 A 能增進皮膚的健康，有效地抑制經前的粉刺與油性皮膚。富含維他命 A 的食物為：紅蘿蔔、鮭魚、地瓜、大頭菜葉、甘藍、芥菜、甜菜根葉、白菜、綠花椰菜等。

維他命 B 中的膽素、肌醇，有鎮定中樞神經系統的作用，能安撫經前的焦慮與易怒。維他命 B 通常存在全穀類，如黃豆、小麥胚芽、麥麩、玉米等，以及酒釀、肝、豆類等食物中。

適量的維他命 B_6 可幫助調節許多經前症狀，如情緒不穩、腹痛、乳房脹痛、易怒、嗜糖與疲勞。富含維他命 B_6 的食物依序為鮭魚、雞肉、鮪魚、黃豆、米麩、芥菜、扁豆、蝦、蘆筍等。

鎂可穩定情緒，用來減輕經痛與控制經前嗜糖症。富含鎂的食物有黃豆、蝦、白豆、紅豆、燕麥、栗子、雞肉、扁豆、青椒等。

同時，適度運動也是緩解經前不適症的積極方式，建議您每天花一點時間進行運動，不但能改善生理情況，同時也可以獲得心理的愉悅。這些運動包括游泳、做瑜珈、快步走、慢跑、打網球等。

第四節　不要讓心因性的疼痛折磨自己

所謂心因性疼痛就是指由心理因素引起的疼痛。心因性疼痛症候群多以超過 3 個月到 6 個月的慢性疼痛為表現形式。很多時候，疼痛與客觀的損傷程度並不成正比，這是因為疼痛身為個體的一種主觀體驗，會受到個體有關的各種心理社會因素影響。

第二章　健康狀態的心理調適

　　近些年的研究發現，在女性患慢性疼痛的病人中，有相當多的是由心理因素所致，為此，這些疾病應該讓我們開始重視。

了解心因性疼痛的表現

　　心因性疼痛是沒有明顯軀體原因，而由精神因素誘發的疼痛。因其疼痛與軀體損傷產生的疼痛相似，故易誤診。心因性疼痛常見於有精神障礙的女性，例如精神分裂症患者，會妄想自己身體受到他人傷害而產生幻痛感；患癔病的人會產生癔病性疼痛。

　　可以說，心因性疼痛不是一種感覺，而是一種複雜的心理狀態。心因性疼痛患者的個性是內向、沉默、敏感多疑、依賴性強、憂鬱、焦慮、內心體驗多等，她們很容易感受到環境中的各種不良刺激而形成不良情緒，但又不願向他人訴說，而且往往借喻「痛」來表達他所遭受的不愉快或心靈創傷，以此引起他人的注意、同情和關心。

認識心因性疼痛的原因

　　心因性疼痛雖然十分常見，但由於病人自己不知道是心理因素所致，以致找錯醫生掛錯號的情況時常發生，一般說來，引起心因性疼痛的原因很多，往往也並非單一因素所引起。

　　常見的原因有以下幾個部分：

　·　**精神憂鬱**：精神憂鬱常常伴有軀體性疼痛，或者說軀體性

第四節　不要讓心因性的疼痛折磨自己

疼痛往往伴有精神憂鬱，並且緩解這些疼痛常常可以減輕精神憂鬱。另一方面憂鬱可能是疼痛的基本原因。這些疼痛起源於疾病、損傷或藥物治療之後，但疾病和疼痛僅能身為疼痛行為和訴苦的觸發點，強烈的疼痛可以影響患者的代償機制，產生不良的嚴重後果。

- **職業因素**：不愉快的個人關係、沉悶的心情、工作上的挫折、愛情方面的折磨、報酬的不合理等，都可以造成心因性疼痛。

同時，本來身體就不好的女性在家庭中過著養家餬口的生活，居室擁擠、潮溼、光線黯淡、孩子輟學、失業、配偶帶病外出賺錢謀生等諸如此類，度日如年的逆境會促使以前的軀體性疼痛機制變成心因性機制，心因性機制反過來又加重軀體性疼痛。

- **心情因素**：一個人如果平時很樂觀、很勇敢、很會調節自己的情緒，在受到一定創傷的時候，在別人看來恐怕會疼痛要命，面他看起來卻沒有那麼嚴重，如三國時期的關羽「刮骨療毒」，放在別人身上，恐怕早就昏死過去了；如果一個人性格沉默、敏感、多疑、依賴性強、憂鬱、內心體驗多等，他就很容易受到環境中的各種不良刺激而形成不良情緒，但又不願向別人訴說，而往往以「痛」來表達他所遭受的不愉快或心靈創傷，以此引起他人的注意、同情和關心。所以，心因性疼痛往往受到心理因素的影響。

第二章　健康狀態的心理調適

防治心因性疼痛的方法

對待自己的心因性疼痛，女性應以心理治療為主。首先要消除自己對疼痛的緊張、恐懼感。在自己了解了軀體檢查沒有發現任何病變的結果和心理致病的道理後，放鬆情緒。

其次還可以採用催眠暗示法，具體做法是先消除因疼痛而產生的緊張心理，改善情緒，然後在深度催眠狀態下，進行強而有力的暗示以消除疼痛。也可用「安慰劑」來消除自己的疼痛感。

「安慰劑」是一種無藥效、無副作用、只產生心理影響作用的製劑。對心因性疼痛的病人，在運用暗示療法和認知療法的基礎上，使用「安慰劑」療效較好。

貼心小提示

您若患上心因性疼痛，雖然需要心理醫生的會診，但是，非心理專業人員也可以設計一套行為治療程序來改善您的身體功能，這種做法即便無法使您的疼痛有所減輕，但您對日常活動情況的記錄，可以使專業人員精確地制訂出改善您身體素質的計畫。

您還可以根據心理醫生提出的具體建議，增加軀體活動和社會交往，並逐步增加活動鍛鍊的時間單位，盡一切可能不讓疼痛來阻礙改善功能的行動計畫，透過這種方式，能夠使您的功能活動有所提高，疼痛的感覺逐步減少。

另外，各種控制疼痛的認知性技術也能改善您的身體狀況。

例如，鬆弛訓練，分散注意力，催眠與生物回饋等。您還可以應用想像來分散注意力，例如想像自己正躺在海灘上休息，或者在吊鋪上安睡，這種有組織的幻想常能為您帶來寧靜與舒適。

第五節　根除遠離心因性偏頭痛

偏頭痛是一種週期性發作的頭痛，多在青春期發病，其與心理情緒常有密切的關係。臨床表現為一側前額、顳、眼眶部位的跳痛或脹痛。心因性偏頭痛的病因比較複雜，但是心理因素特別是情緒因素在發病中有著很重要的影響。敏感多疑、謹小慎微、內心矛盾激烈的女性在一定條件下均能夠導致偏頭痛發作，以女性較多，多始於青春期，常有家族史。

了解心因性偏頭痛的表現

醫學認為，偏頭痛是以搏動性頭痛為特徵，表現為一側或雙側頭部跳痛，伴有噁心、嘔吐等植物神經症狀，是與心理社會因素相關的常見心身疾病。頭痛是臨床最常見的症狀，人的一生沒有頭痛體驗的極少，可見頭痛症狀的普遍性。

認識心因性偏頭痛的原因

不少人總是認為頭痛就一定是大腦內有什麼東西，應該進行 CT、MRI 等檢查，然而各式各樣的檢查均無法查出原因。

其實，很多頭痛是非器質性的，對非器質性頭痛的病因，醫學界有多種說法，有的說與頭部血管收縮和擴張不平衡有關；有的說頭痛是由於過度緊張和工作壓力太大造成的；有的說偏頭痛與內分泌有關；還有一種說法是，頭痛與腦子裡的一種化學物質 5- 羥色胺水準下降有關，這與憂鬱症有相同機理。

許多資料表明，女性偏頭痛的發生主要與心理、血管、生化三個基本因素有關。

- **不良情緒**：情緒緊張、焦慮、憂鬱、疲勞、行為衝突等是激發和加重偏頭痛的重要心理因素，研究調查顯示，患病女性有情緒不穩，缺乏獨創性思考，對問題處理缺少靈活，缺乏對付緊張和心理壓力的能力，極端關心身體，偏於憂鬱、悲觀，易於不滿，缺乏自信，過低評價自己等個性特點。

  這些個性缺陷可能是偏頭痛不易根治，易於復發的內在因素之一。另外，偏頭痛女性在早期生活中，常有過重的負荷、家庭或環境的壓力及心理應激等病史。

- **心理應激**：心理應激因素首先影響交感神經功能，使偏頭痛發作前期先是顱內血管收縮，接著顱外血管擴張，頭痛發作期出現搏動性頭痛，同時顱內血管也擴張，腦血流量減少，從而產生神經功能及高級神經功能障礙等症狀，包括煩躁、恐懼及發怒、悲觀失望和注意力不集中等情緒改變。

  由於血管擴張，血管通透性增強，嚴重時形成腦水腫，持

續性頭痛。頭痛發作時血液流變異常，具有「黏、濃、聚」特點。

· **個性心理**：個性心理因素與頭痛有密切關係，固執、孤僻、謹小慎微、敏感多疑、心情經常處於矛盾狀態、好勝心強、急躁、好激動的人容易產生偏頭痛。如有一個女性平時體質正常，精神狀態良好，但其人到中年還參加自學考試，每遇考試，其偏頭痛就會發作，考試過後，偏頭痛就緩解，後來每遇情緒緊張或讓其外出，偏頭痛就會發作。這種現象其實都是患者個性心理在作怪。

防治心因性偏頭痛的方法

女性偏頭痛的防治，主要以心理調養為主，要消除精神緊張等不良情緒。在工作、學習、生活上，有張有弛、勞逸結合，學會有規律地生活。

培養爽朗、樂觀、豁達的性格，保持寧靜的情緒。鼓勵患病女性多參加力所能及的工作，參加適當的體育、娛樂活動，有利於放鬆身心、消除疲勞和緊張，具體的心理防治方法有：

· **放鬆療法**：合理安排工作與學習，注意勞逸結合，有心理障礙者可進行宣洩疏導放鬆治療，消除緊張行為，日常生活注意意控訓練，學會做到遇事不慌，遇難不憂，精神放鬆。控制緊張情緒，可以預防和治療緊張性頭痛。

· **心理疏導**：由於緊張性頭痛與緊張、焦慮、急躁等情緒有
關，所以心理治療是有效的。可給予患病女性心理疏導，
幫助她正確對待各種挫折，改正個性上的弱點。

第六節　懂得預防心理性子宮肌瘤

子宮肌瘤又稱子宮平滑肌瘤，是女性生殖器最常見的一種
良性腫瘤。中醫認為子宮肌瘤的發病原因，多與情緒因素有
關，即隨喜怒而消長，如怒氣傷肝、氣滯血瘀、沖任經脈失
調，部分女性如不及時治療，肝淤氣滯，血運不暢，胞脈受
阻，血室失養，日久痰溼，血淤內停，下行胞宮，積於子宮，
這種子宮肌瘤被稱之為心因性子宮肌瘤。

了解心因性子宮肌瘤的表現

子宮是女性產生經血和孕育胎兒生長發育的一方肥沃寶
地，形狀像一個倒置的梨子。子宮體壁較厚，可分為三層：外
層為漿膜層，中間為肌層，最裡面的一層為內膜層。內膜層受
卵巢激素的影響，可發生週期性變化，並為受精卵的著床和發
育做好準備；如果未受孕，每月便脫落一次，形成月經而排出。

但是，由於某些因素的影響，如雌激素水準過高，某些生
長因子的介入等，可使子宮壁上長出疙瘩的腫塊。通常來說，
患子宮肌瘤的女性會有如下表現：

· **陰道出血**：常表現為月經量增多，月經期延長，不規則的出血，或排出血水，血的顏色發生改變。

· **白帶改變**：女性正常白帶應該是白色糊狀或蛋清樣，清亮、無味、量少。當白帶量增多，顏色發生改變，如濃樣、血樣及水樣，有異味，則有可能是子宮肌瘤的病變。

· **下腹腫塊**：透過盆腔檢查，可以觸及增大的子宮及腫塊。腫塊過大可以在腹部觸摸到。可能有囊性感，也可有實性感，軟硬程度不同。

· **下腹疼痛**：腫瘤可以引起下腹痛，如腫瘤蒂扭轉、破裂、發生炎症、出血，出現腹水等，均可出現不同程度的下腹痛，增大的腫瘤可以壓迫肛門，有墜脹感。

· **大小便改變**：腫瘤壓迫或侵襲可引起閉尿、尿頻、血便甚至尿瘺或糞瘺。

認識心因性子宮肌瘤的原因

　　情緒憂鬱的女性多易發子宮肌瘤，特別是中年女性面臨著工作和家庭的雙重精神壓力，易產生憂鬱情緒。而伴隨著絕經期的到來，女性開始出現「雌激素控制期」。

　　在這個時期中，女性自身的憂鬱情緒，很容易促使雌激素分泌量增多，且作用加強，有時可持續幾個月甚至幾年，這便是子宮肌瘤產生的重要原因。

中醫講情緒對子宮肌瘤的影響時提到：「氣滯，七情內傷，肝失條達，血行不暢滯於胞宮而致，表現為下腹痞塊，按之可移，痛無定處時聚時散，精神憂鬱，胸脅脹滿。」講的也是這個道理。

預防心因性子宮肌瘤的方法

有效預防心因性子宮肌瘤需要從以下幾個方面入手：

· **正確避孕**：女性流產手術的方法就是要刮宮，對子宮的影響和刺激是不可避免的。據研究，女性人工流產次數多可能會導致子宮肌瘤。所以，當年輕的女性們還不打算生育下一代時，避孕功課必須做好。

· **自然生產**：妊娠、生產是調理女性體內激素水準的好方法，為此，建議女性一生中要有一次完整的孕育過程，這樣能夠增加自己 10 年的免疫力，而這種免疫力主要就是針對婦科腫瘤的。

· **愉悅情緒**：心情愉快是非常重要的事情，女性為了提高自身免疫力，必須保持心情舒暢，情緒穩定，盡量減輕來自工作、學習、生活中的各種競爭壓力，切忌憂思煩怒，要學會自我調整，這樣才會減少疾病。

貼心小提示

醫學上認為子宮肌瘤和雌激素水準高有很大關係，為此，您在日常飲食中應該多吃含蛋白質、維他命豐富的食物，如牛奶、魚類、蛋類、黃豆及豆製品等。而桂圓、紅棗、阿膠、蜂王漿等熱性、凝血性和激素含量高的食品，應合理的選擇，避免過多食用。

同時，在月經期間要注意保暖，避免受寒、淋雨、飲用生水，要勞逸適度，保持正氣充足，氣血順暢，身體健康，這是預防子宮肌瘤的最基本常識。

第七節　在預防中告別神經衰弱

神經衰弱是以煩惱、衰弱為主要表現的神經症，是一類以精神容易興奮和腦力容易疲乏，常有情緒煩惱和心理症狀的神經症性障礙。其特點是：膽怯、自卑、敏感、多疑、依賴性強、缺乏自信、任性、急躁、自制力差。一般認為，社會心理因素是神經衰弱的主要病因。

目前，國際上大多把神經衰弱的症狀局限於容易疲勞為其主要表現的傾向，這是中老年女性的常見病，腦力工作者以及人際關係緊張的人群多患有這種心理疾病。

第二章　健康狀態的心理調適

了解神經衰弱的表現

　　神經衰弱是由於女性長期情緒緊張和有精神壓力，使大腦精神活動能力減弱而形成的一種病症，患有此病的女性精神容易興奮，腦力容易疲乏，常伴有情緒煩惱和一些心理生理症狀。

　　研究發現，神經衰弱者的疲乏是有選擇性的，即對有興趣的情緒體驗不易疲乏，而對無興趣或潛意識中有牴觸情緒者則容易疲乏，這是其特點，具體到現實生活中，有如下情況。

・ **精力衰弱**：這是本病常有的基本症狀，患病女性經常感到精力不足、萎靡不振、無法用腦，或腦力遲鈍，肢體無力，睏倦思睡；特別是工作稍久，即感注意力無法集中，思考困難，工作效率顯著減退，即使充分休息也不足以恢復其疲勞感，說話常常說錯，記不起剛經歷過的事。

・ **容易興奮**：患病女性在閱讀書報或收看電視等活動時精神容易興奮，不由自主地回憶和聯想增多；患者對指向性思考感到吃力，而缺乏指向的思考卻很活躍，控制不住；這種現象在入睡前尤其明顯，使患病女性深感苦惱。

・ **遇事煩躁**：主要表現為容易煩惱和容易激動。煩惱的內容往往涉及現實生活中的各種矛盾，感到困難重重，無法解決。另一方面則自制力減弱，遇事容易激動；或煩躁易怒，對家裡的人發脾氣，事後又感到後悔；或易於傷感、落淚。約 25% 的患病女性有焦慮情緒，對所患疾病產生疑慮、擔

心和緊張不安，如患者可能會因心悸、脈快而懷疑自己患了心臟病，或因腹脹，厭食而擔心患了胃癌。這種疑病心理，可加重患者焦慮和緊張情緒，形成惡性循環。

· **無故疼痛**：常由緊張情緒引起，以緊張性頭痛最常見。患病女性感到頭重、頭脹、頭部緊壓感或頸項僵硬，有的則訴述腰痠背痛或四肢肌肉疼痛。

· **睡眠障礙**：最常見的是入睡困難、輾轉難眠，以致心情煩躁，更難入睡。其次是訴述多夢、易驚醒，或感到睡眠很淺，似乎整夜都未曾入睡。

還有一些女性感到睡醒後疲乏不解，仍然睏倦；或感到白天思睡，上床睡覺又覺得腦袋很興奮，難以成眠，表現為睡眠節律的紊亂。

· **其他症狀**：較常見的如頭昏、眼花、耳鳴、心悸、心慌、氣短、胸悶、腹脹、消化不良、頻尿、多汗或月經紊亂等。這類症狀雖缺乏特異性，也常見於焦慮障礙、憂鬱症或軀體化障礙，但可成為本病患病女性求治的主訴，掩蓋了神經衰弱的基本症狀。

認識神經衰弱的原因

神經衰弱是被看做是可由體質、軀體、心理、社會和環境等諸多因素引起的一種整體性疾病，研究發現，易患神經衰弱的女性往往表現為孤僻、膽怯、敏感、多疑、急躁或遇事容易

第二章　健康狀態的心理調適

緊張，為此，神經過度緊張和長期心理問題是造成此病的主要原因。

- **神經過度緊張**：長期心理衝突和精神創傷引起負性情感體驗，生活無規律，過分疲勞得不到充分休息等都可能成為本病起因。

  神經衰弱的病因曾被大量的調查並研究過，認為神經系統功能過度緊張是本病的主要原因之一。其中，調查資料顯示，腦力勞動者患病率最高。半數以上患者反映工作或學習上，主要是腦力活動，容易過度緊張。不僅腦力活動時間過長，工作任務過重；學習或工作困難。尤以要求非常嚴格，注意力需要高度集中的腦力工作，更容易引起過度緊張和疲勞。

- **長期心理問題**：這也是本病另一種較多見的原因。學習和工作不適應，家庭糾紛，婚姻、戀愛問題處理不當，以及人際關係緊張，大都在患者腦中引起矛盾和內心衝突，成為長期痛苦的根源。又如親人突然死亡，家庭重大不幸，生活受到挫折等，也會引起悲傷、痛苦等負性情感體驗，導致神經衰弱的產生。

除此之外，生活忙亂無序，作息規律和睡眠習慣的破壞，以及缺乏充分的休息，使緊張和疲勞得不到恢復，也為神經衰弱的易發因素。

預防神經衰弱的方法

在我們的現代生活中，生活壓力的增加使越來越多的女性患上了神經衰弱，引起神經衰弱的原因主要分別來自內在因素和環境因素，因此，要預防神經衰弱也要從這兩方面入手。

- **正確認識自己**：為了預防神經衰弱的發生，女性應對自己的身體素質、知識才能、社會適應力等有自知之明，盡量避免做一些力所不及的事情，或避免從事不適合自己的體力和精神的活動。好高騖遠，想入非非，杞人憂天，為了名利和地位而費盡心機都是不好的。

- **培養豁達性格**：為了預防神經衰弱的發生，女性應培養自己擁有一個豁達開朗的性格，自己的脾氣、性格一旦形成，一朝一夕是很難改變的。天下無難事，只怕有心人。只要自己對培養良好的性格有心有意，良好的性格自然會對自己有情有義。

- **提倡顧全大局**：遇事要從大事著想，明辨是非。如處理人際關係時，提倡嚴於律己，寬以待人，互相理解、體諒，是防止人際關係緊張的有效方法之一。建議女性在處理家庭關係、同事關係、鄰里關係或上下級關係時，尤應如此。

- **善於自我調節**：對於工作過於緊張，過於繁忙，或學生學習負擔過重以及生活壓力很大的女性，都有必要自我調節，合理安排好工作、學習和生活的關係，做到有張有弛，勞

逸結合，這樣不但能防止自己患神經衰弱病症，還能提高
工作效率。

貼心小提示

儘管神經衰弱是一種非器質性損害的功能性疾病，但是注意
補充大腦所必需的營養物質，還是非常必要和有益的。因為
代謝的一些必需營養物質的缺乏，不僅對疾病的康復不利，
且會加重其本身存在的神經衰弱的症狀。為此，為了有助於
保護您的大腦，這裡為您推薦一些保護腦部的食物。

1. 富含脂類的食物

如肝、魚類、蛋黃、奶油、大豆、玉米、羊腦、豬腦、芝麻
油、花生及核桃等。脂類是構成腦組織的重要物質，其含量
比身體其他器官都豐富，其中卵磷脂含量最多。服用大量卵
磷脂，可使腦細胞膜變柔軟，因而有利於細胞之間的連繫，
可增強記憶力，改善腦功能，對神經衰弱有較好的療效。

2. 富含蛋白質的食物

如瘦豬肉、羊肉、牛肉、牛奶、雞、鴨、魚、蛋及豆製品
等。腦細胞 35％由蛋白質構成，就其腦功能來說，蛋白質是
大腦神經細胞興奮和抑制過程的基礎，人的感覺、記憶、語
言、運動等無不和腦神經細胞的興奮和抑制有關。

3. 富含維他命 B、E 的食物

如酵母、肝、豆類、花生、小麥、胚芽、糙米、燕麥、玉
米、小米、甘薯、棉籽油及海藻等。因維他命 B 群和維他命
PP 是神經系統新陳代謝的一種輔酶，具有催化作用，可加
強腦細胞的功能，促進糖和蛋白質的代謝過程，因而促進了

腦細胞的興奮和抑制。維他命 E 是一種強力的抗氧化劑，它能保護構成腦細胞的重要成分 —— 卵磷脂不受氧化失效。但應注意的是，維他命 E 不能和含鐵質的食物，如芹菜、紫菜、菠菜、肝及貝類等同食，否則會失效。

第八節　消除和戰勝心因性分娩痛

分娩是指胎兒脫離母體而獨自存在時的這段時期和過程。分娩過程中的疼痛，幾乎是所有做媽媽的年輕女性所認為的「痛苦折磨」。那麼分娩到底有多痛呢？這個問題也許無法給出一個定量的答案，但有一點是可以肯定的，即分娩疼痛在很大程度上與精神因素有關。

有些婦女在分娩時無痛也感到痛，小痛變大痛，這種心理在心理學上就稱之為心因性分娩痛。

目前，世界上還沒有一種靈丹妙藥能使產婦分娩時感覺不到絲毫疼痛，但也有不少減輕疼痛或鎮痛的措施，使分娩的疼痛大為減輕。充分地、密切地與醫生配合，便是其中的一大高招。

了解心因性分娩痛表現

女性在懷孕末期，體內雌激素水準提高，孕激素相對減少。雌激素可提高子宮肌肉對催產素及其他刺激子宮收縮物質的敏感性，加上宮內局部壓力的增加，促使子宮產生強而有力的宮縮。

　　其次是恐懼心理和疼痛敏感因素所造成。產婦的恐懼心理也是因為對分娩過程缺乏了解，只是道聽途說，便認為分娩非常疼痛，甚至痛苦不堪，因而對分娩異常恐懼。還有些產婦平時就對疼痛很敏感，又輕信一些經產婦添枝加葉的形容，便想像著分娩時如何疼痛，這樣勢必造成極大的心理壓力。而這樣的心態肯定會加劇分娩時的疼痛。

　　其實，分娩只是一個生理過程，孕婦在臨盆時，體內支配子宮的感覺神經纖維數目已很少了，一般不會產生強烈的痛覺。客觀地說，分娩是有痛覺的，因為在分娩過程中，會牽扯子宮鄰近的某些組織器官，產生局部痛感。體力勞動者平時活動量大，分娩時比較順利，痛感也相應減輕。腦力勞動者或平時活動少的孕婦，常常因極度緊張和恐懼而加劇疼痛。

　　由此看來，分娩的疼痛因人而異。但是分娩時媽媽的疼痛對寶寶非常有益。

認識心因性分娩痛原因

　　分娩時的疼痛，讓很多想做媽媽的人望而卻步，很多準媽媽在分娩時寧願選擇簡單的剖腹產，也不想忍受那短短的 10 多個小時的疼痛。由於對分娩時疼痛的恐懼，導致了目前的高剖腹產率，改變了人類繁衍的自然方式，為媽媽和寶寶都帶來近期和遠期的很多不利的影響。

　　其實分娩時的疼痛的功勞是很大的，首先寶寶在媽媽子宮

裡生活就像被裝在一個口袋裡一樣，袋口處有綁緊的繩子，這綁緊的繩子就是媽媽的子宮頸口。子宮頸口和長長的陰道，由堅硬的結締組織和肌肉組成，平時這些器官都是緊緊地關閉著，以防止孕期裡的寶寶從口袋裡滑脫出來。隨著妊娠即將結束，這些堅硬的結締組織和肌肉在臨產激素的作用下開始變鬆變軟，以利於分娩時產道的擴張便於寶寶從此通過。

（1）子宮收縮

分娩的過程，就是把寶寶從媽媽的子宮和生殖道中擠排出來的過程。然而，在分娩中若沒有推動寶寶前進的動力，寶寶是無法娩出的。這一動力，主要就是媽媽子宮的收縮力。子宮收縮力有著兩種作用：

一是促使子宮頸張開。宮頸口的張開還需要靠寶寶用自己的頭硬頂，才能把它們撐到足夠大，讓自己的頭和身體通過。而這項艱難的工作單憑寶寶自己本身是做不到的，只有靠媽媽的一次次推動的幫助才能完成。媽媽在分娩中的痛感是由於媽媽的子宮在收縮引起的，而子宮的收縮正是在幫助寶寶擴充產道，推動寶寶前進。沒有子宮的收縮力，寶寶就不能夠把產道擴張開來。

二是產道的「大門」一旦被打開，宮縮又將會促使寶寶盡快出來到人間。因此說，媽媽的疼痛是必須的。

（2）通過產道

寶寶只有通過媽媽的產道才能獲得新生，由於媽媽的產道並不是光滑平直的，而是一個上寬下窄，還略微上翹的彎行「隧道」。在這個隧道中還設有幾道關卡。

其中間的兩個路障之間的寬度平均只有約 10 公分，是寶寶的必經之路。由於產道的彎曲、狹小，當寶寶途經「隧道」時必需要做一系列的動作，以便使自己頭部的徑線縮短和讓身體適應隧道的形狀和大小後，才能通過。這一系列動作就是分娩機轉中所說的：銜接，下降，俯屈。內旋轉，撥露與著冠，仰伸，復位，外旋轉，娩出。

然而這一系列動作的完成都不是寶寶自己主動做出的，寶寶通過媽媽產道的某個路障時，本身並不需要做任何動作和努力，一切都由媽媽的子宮收縮力和媽媽產道產生的反作用力的合力「包辦」了。

如果不能及時變換姿勢，寶寶就會被卡在此處，長時間留在此地就會威脅到寶寶的生命。寶寶姿勢的及時變換需要強而有力的推力才能完成，這個推力就是媽媽的子宮收縮力。沒有分娩時媽媽的疼痛，可愛的寶寶就不可能降生，因此說媽媽的疼痛也是必須的。

（3）產道擠壓

最重要的是，寶寶經過陰道分娩，其頭必然要受到產道的

擠壓，並被拉長變形。但這種擠壓是為寶寶從「水中生活」過渡到「陸地生活」做的準備。對寶寶脫離母體而獨立生活是十分有益的。因為子宮有節律的收縮，可使寶寶的胸廓受到相應的壓縮和擴張，正是這種有節律的舒縮運動，能刺激寶寶肺泡表面活性物質加速生產，這種物質能使寶寶出生後肺泡富有彈性，容易擴張。

　　子宮收縮反覆擠壓寶寶的胸廓，有利於將肺泡液及吸入的羊水擠出。隨著寶寶降生的一聲大哭，肺泡張開，從此開始獨立的呼吸運動，而不至於因為肺泡表面活性物質缺乏，而引起肺透明膜病變導致新生兒死亡。產道對寶寶頭部的擠壓還能刺激腦活素的釋放，有利於寶寶的智力開發。因此說媽媽的疼痛為寶寶帶來的益處是剖腹產分娩不能做到的。

克服心因性分娩痛的方法

　　據統計，生孩子痛是世界上僅次於燒灼疼痛的第二大痛。可想而知，順產對孕媽媽來說簡直是一場災難。如果分娩前沒有做好充分準備，甚至會痛上加痛，為此，女性應該掌握一些減輕分娩疼痛的妙招，幫助自己度過這場難關。

· **分娩前預演**：減少分娩痛的第一步需要準媽媽詳細完整地了解分娩過程及相關的知識，這在婦產科裡的「孕婦學校」都會有專家進行專業的指導和講解。有的醫院還為產婦設

置了模擬完整的待產、分娩過程的預演，整個過程包括從開始有臨產徵兆、接診、模擬分娩等各個環節。這樣的辦法透過讓產婦熟悉臨產時的流程和醫院的環境、設施，具備了良好的心理認知，消除恐懼感，輕鬆分娩。

· **分娩前淋浴**：了解分娩過程，那只是破解分娩痛的第一步，進入產房之前，洗個溫水澡，借助溫水的浮力作用，抵消地心引力，能很好促使宮頸口擴張，幫助接受體內強勁的湧出力，舒緩了產婦的緊張情緒，有效地減輕產痛，縮短產程，促進順利分娩。

· **選擇好陪伴**：進了產房，準媽媽最好的精神後盾是自己的丈夫或者家人，家庭式分娩透過產房的家庭化布置，產婦的丈夫、家屬陪伴分娩等方式，很好地運用了親情對產婦的心理慰藉和支持，消除她們對醫院的恐懼，降低痛覺反射，為輕鬆分娩創造有利的環境和條件。

· **轉移注意力**：如果有條件可以聽自己喜歡的音樂，看喜歡的電影、書，沐浴等利用各種可行的方法轉移注意力，減輕宮縮疼痛。

貼心小提示

如果您已經是一個準媽媽了，那麼建議您最好是選擇正常生產，為了減輕自己的產程痛苦，選擇適合的用力方式非常重要。下面為您介紹最好的用力方式。

當宮縮來臨之後，先深吸一口氣，閉上嘴，屏氣，別出聲，利用腹肌的力量盡量往肛門處用力，就像平時上大號一樣，但要往天花板的方向向上用力。

每次的力盡量憋住，延續用力的時間，爭取每次宮縮只持續用力兩三次。不要總是只用突發的較短的力量，用力的目的是把孩子往下推，不縮回來，如果用的力短，孩子用力時往外走，力突然一撤，又縮回去了，不僅您會白用力，孩子的頭撞來撞去也不好。

另外，宮口全開之後到胎兒娩出在兩個小時之內都算正常，所以有時需要用一小時至兩小時的力，您這時會很消耗體力，需及時的補充能量和水，準備一些巧克力很有必要。另外平時注意鍛鍊身體，對最後用力會有很大幫助。

第九節　不受更年期症候群困擾

更年期症候群是由雌激素水準下降而引起的一系列症狀。更年期女性隨著卵巢功能的逐漸衰退，體內雌激素和孕激素的分泌也會逐漸減少乃至消失。這種生理上的衰退和改變會導致情緒上出現大幅度波動，焦慮、消沉、憂鬱、多疑、失眠等是常見症狀。

據專家認為，更年期的女性應該以平靜的心態接受自己生理上的改變，並學會珍愛自己，盡量把內心的煩惱和痛苦向家人和朋友傾訴，使不良情緒得到有效宣洩。

第二章　健康狀態的心理調適

了解更年期症候群的表現

少數女性由於身體不能很快適應，症狀比較明顯，但一般並不需特殊治療。極少數症狀嚴重，甚至影響生活和工作者，則需要藥物治療。

一般認為，女性進入更年期後，家庭和社會環境的變化都可加重其身體和精神負擔，使更年期症候群易於發生或使原來已有的某些症狀加重。

更年期症候群的發病多因女性將屆經斷之年，先天腎氣漸衰，任脈虛，太衝脈衰，天癸將竭，導致身體陰陽失稀，或腎陰不足，陽失潛藏；或腎陽虛衰，經脈失於溫養而出現一系列臟腑功能紊亂的症候。

症見月經不調，顏面潮紅，煩躁易怒或憂鬱，頭暈耳鳴，口乾便燥等，為腎陰虛症；若症見月經不調，面白神疲，畏寒肢冷，腰脊痠痛，陰部重墜，納呆便溏，為腎陽虛症；若月經不調，兼見顴紅面赤，虛煩少寐，潮熱盜汗，腰膝痠軟，頭暈心悸、血壓升高等，為腎陰陽俱虛；此外尚有心腎兩虛者等。

認識更年期症候群的原因

女性更年期症候群出現的原因主要有：人體自然的衰老過程、卵巢的萎縮、雌激素缺乏這三個部份的原因。

· **生理上的變化**：女性更年期生理上的變化有卵巢功能的衰退，分泌雌激素和排卵逐漸減少並失去週期性，直至停止排卵；垂體分泌促卵泡激素和促黃體素過多。

涉及雌激素的器官，如陰道、子宮、乳房、尿道等的結構和功能改變。從而在更年期出現月經不規則、潮熱、多汗、心悸、頻尿、尿失禁、陰道乾燥、性慾減退、睡眠差、骨質疏鬆及身體發胖等一系列生理現象。

隨著生理的改變，女性還可出現一些心理上不適反應，如情緒不穩定、記憶力下降、多疑、多慮和憂鬱等。

· **社會關係方面**：更年期女性面臨一些社會問題，如職業困難、離婚、父母疾病或死亡、孩子長大離開身旁等，這一切都讓她們帶來精神壓力，在一定成程度上干擾了更年期女性的生活、工作及其與他人的關係。

她們常覺得自己變老了，不喜歡參加公共活動，對家人容易發脾氣。出現這些情況，如果得不到社會和家人的理解，很容易導致家庭矛盾，甚至危及女性的健康。

預防更年期症候群的方法

更年期症候群雖然是由於性生理變化所致，但發病率高低與個人經歷和心理負擔有直接關係。

對心理比較敏感的更年期女性來說，生理上的不適更易引

第二章　健康狀態的心理調適

起心理的變化，於是出現了各種更年期症狀。因此，注意心理調適十分重要，一般包括如下的內容。

- **培養幽默感**：幽默感是人的心理特徵中最受歡迎的，它是人適應環境，促進心理衛生最好的武器，是一種高層次的自我保護策略。

  幽默能減輕人的心理壓力，減輕心理上的不適感，消除心理上的困窘。中年女性經歷比較豐富，應善於培養自己的幽默感，以緩衝生活事件對自己的心理壓力。

- **量力而行**：中年女性既要有充分的信心，把工作、學習與生活安排好。同時也要從自己的實際情況出發量力而行，在一般情況下，不要搞突擊，不要經常開夜車，否則心理負荷過重將影響心理健康。

- **保持青春**：雖然中年女性生理上的青春已經過去了，但仍要保持心理上的青春，使自己充滿活力。不要人未老而心先老，造成未老先衰。中年女性特別要注意不可倚老賣老，故扮老態，造成生理與心理的過早衰退。要注意適當打扮，使自己仍然富有女性魅力。

- **學會保健**：中年女性要學會一兩種身心保健方法，例如練氣功、打太極拳等。每天堅持鍛鍊，必有成效。切忌三天打魚，兩天晒網。貴在堅持，每天要堅持鍛鍊半小時。

· **調整情緒**：在生活事件的刺激下，人往往會產生負面的情緒，但要注意調整情緒，化負面情緒為正面情緒，學會自己控制自己的情緒，防止、減少負面情緒對心理健康的影響。

貼心小提示

家庭是情感的歸宿地，是溫暖的代名詞，如果女性在家庭中受到冷落，不但對更年期女性是一種心理創傷，就是對一般人來說，也是不利的。

為此，為了改變更年期女性的心理健康，建議家庭中的丈夫和子女應該了解更年期女性的這些症狀，要體諒女性更年期的苦衷。要關心、開導她，給予必要的照顧，讓其有充足的睡眠時間和休息時間。

要努力創造一個祥和的家庭氣氛，努力使更年期女性保持良好的心態。

這些對於更年期女性來說，是一個極大的心理安慰！

第二章　健康狀態的心理調適

第三章　情感建構的心理指導

所謂情感的心理指導，簡單地說就是愛情心理學，它是研究男女戀愛中的心理現象及其發生與發展規律的科學。

愛情不僅受社會、思想倫理等因素影響，也受許多複雜心理因素的制約。對此，女人擁有美好的愛情心理，才能領悟和把握真正的愛情，才能使愛情閃耀出美麗的火花。

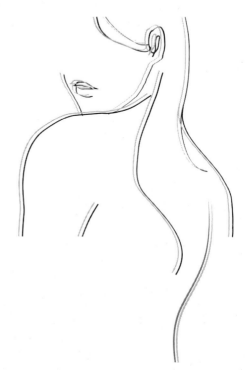

第三章　情感建構的心理指導

第一節　不要讓青春期戀愛傷及自己

青春期戀愛指的是未成年男女建立戀愛關係或對異性感興趣、痴情或暗戀的一種情感。這個時期，由於年齡局限、涉世不深、心理上不成熟、脆弱且耐受力差，很容易在感情的波折中受到傷害。

一般認為，青春期戀愛會帶來很多問題，如影響青少年的身心健康和學業成績等，尤其對女孩更為突出。大量事實證明，青春期戀愛往往結不出果實之花，常常以失敗而告終，為此，青春期的女孩子們必須正確對待自己的青春期戀愛意識。

青春期戀愛的表現形式

青春期戀愛是一種世界性的社會現象，由環境因素引起，與早熟引起的性興奮與性萌發有關，也與少女的孤獨、空虛，心理上缺乏支持有關。

一般情況下，青春期戀愛行為多發生在學生時期，其表現形式與成年人的戀愛一樣是多樣的，在生活中常有如下情況：

‧ **疏遠團體**：戀愛中的青春期女孩，在人際交往中，表現出兩性之間的一種超出正常交往和友誼的互相接近。我們都知道，戀愛是具有排他性的。青春期女孩如果戀愛，往往會疏遠了與團體、他人的交往。

處於戀愛中的女孩，她的眼裡、心裡都只有對方。這樣，

勢必造成個人與團體這個大圈子的疏遠，戀愛關係的發展
必然是兩個人的小圈子被孤立在團體這個大圈子外，這是
青春期戀愛的一種表現。

- **改變愛好**：學生時期的女孩子一旦戀愛，有時為了博得對
  方的歡心，往往會按照對方要求去改變自己。有這樣一個
  例子，一個平時較安靜的女生喜歡上了一個男生，而那個
  男生則希望戀愛對象更陽光一些，活潑一些，於是，這個
  安靜的女生便經常地出現在籃球場上、羽毛球場上，她盡
  可能地參加一切體育活動，遇到體育比賽，也主動報名參
  加並特別賣力。這一切表現並不意味著這個女生喜歡這些
  體育活動，而是因為她喜歡的人喜歡這樣的戀愛對象。

- **改變形象**：俗話說：「女為悅己者容。」從這個角度來說，
  她們一旦心中有了喜歡的對象，便會努力改變自己去討對
  方的歡心。

有的女孩則表現為獨自的暗戀，這樣的學生往往對某一異
性產生強烈的好感，但由於羞怯、自尊心或者性格的原
因，不敢或不願向對方表白，這種單戀對他人沒有損害，
卻會嚴重影響自己的學習。

青春期戀愛的產生原因

產生青春期戀愛的原因是多方面的，其主要原因是由於青
春期少女生理的逐漸成熟，以及各種因素和環境對其的改變。

第三章　情感建構的心理指導

· **生理因素**：進入青春期的少女，由於生理和心理的發育使她們產生成人感的自我意識，認為自己已經長大成人，就應該像大人那樣有自己的異性朋友，對異性同學產生了性趨向心理，希望得到異性的注意和愛慕，並沉浸在愛情的夢幻之中。這本是一種正常的生理和心理反應，但由於正常的性知識教育沒有跟上，因此可能出現盲目戀愛的現象。

· **環境影響**：由於現代人生活水準的提高，家庭全力以赴對處於學業階段的孩子們進行投資，助長了他們的比較心態、時髦心態和虛榮心態。這些心態交織在一起，校園裡也出現了追求新潮和異性朋友的風氣。

同時，在當今的開放年代裡，青少年學生透過各種傳播管道了解和接受許多不良刺激，對其毒害極大，加之校園裡的不良環境，以及他們各自家庭環境，比如父母的不良行為，都會對青少年帶來不好的影響，從而引發青春期戀愛。

另外，學生時期的戀愛現象還與學校和家庭禁止學生談戀愛有關，進入青春期的孩子們正處於反抗心理，家長或老師越是生硬地不讓學生談戀愛，他們就越是想嘗試；越搞神祕，他們就越想揭開那層神祕面紗。

應對青春期戀愛的方法

青春期戀愛現象對處於成長期的青少年少女的健康成長有一定的危害，最明顯的就是影響了他們的正常學習效率。許多

學生青春期戀愛後，無心讀書，成績急遽下降，他們上課精神不集中，考試不及格，導致惡性循環，嚴重地干擾了他們的學業，有的還從此產生厭學情緒。所以，青少年們要正確處理好自己的青春期戀愛問題。

· **認識青春期戀愛危害**：青春期戀愛最大的危害莫過於干擾學業。由於青春期戀愛者整日都想著自己喜歡的那個人，因此就沒心思去學習，也覺得讀書沒有多有趣，這樣上課注意力就難以集中。由於沒有認真聽講，學習成績就會越來越差。

為此，建議青春期女孩應把眼光放遠一點，要用理智戰勝自己的感情，戰勝自己就能改善青春期戀愛下的危害。

· **男女正常交往**：每一個步入青春期的少男少女，隨著生理的逐步成熟，會開始關注異性同學，並希望了解他們，與他們交往，這是一種正常的心理現象，青少年對異性的依戀並不是有些家長和老師所認為的那樣，是一件丟人和見不得人的事。這與道德品性沒有關係。

絕大多數青少年都青春期戀愛或單戀過一個自己喜歡的異性，關鍵是青少年如何正確處理青春期戀愛和男女正常交往的關係。不要過分地敏感，不要以為異性對自己好一點就是愛上自己了，也不要動不動就向人家表達愛意。

· **參加集體活動**：分散喜歡一個異性的注意力，不要與異性

第三章　情感建構的心理指導

單獨交往。透過參加有意義的集體活動，可以陶冶自己的
情操，樹立遠大的理想，並能獲得同學們的幫助和友誼。
這樣做能分散自己對戀愛的注意力，減輕煩惱。也能使自
己頭腦冷靜下來思考，淡化對喜歡的異性的強烈情感。

· **學會情感轉移**：把時間和精力轉移到緊張的學習和健康的
課餘愛好上去。多參加集體活動，多談一些文學名著、哲
理文章，多想想自己的進步，想想將來的事業，想想將來
在複雜的社會裡如何開拓和進取。這樣，心胸和視野就會
開闊，抱負就會遠大，就會煥發出勃勃朝氣，不斷進步。

貼心小提示

對青春期的女孩來說，在愛情生長的土壤還不具備的時候，
最明智的辦法是築好防線，集中精力學習知識。為此，當有
人向您表示愛意或求愛時，當您對異性萌生愛意時，可採取
如下方法：

1. 告誡自己不可盲目接受

愛情是一種嚴肅的感情，不可因輕率而傷害它的美麗。青春期
談愛情不合時宜，與其徒留遺憾，不如拒絕介入。況且對方
很有可能只是一時的衝動或出於其他目的，不能出於同情、虛
榮、軟弱、新奇、從眾或無主見而隨便答應，以免鑄成憾事。

2. 態度明確、果斷

當異性朋友或同學向您示愛，對您來講是一件重大而緊張的
事，不要因此而慌亂無主。要知道，您的不知所措或猶豫不
決，很可能使對方產生誤會，在對方了解您的真實想法以

後，會受到更大的打擊和傷害。即使對方是您的很好的朋友，您也要及時表明自己的態度，不能礙於情面而猶豫不決，使問題複雜化，就算這樣做可能使您失去這個朋友，也只能如此。

3. 措辭得體、委婉

拒絕對方時，要遵循理解和尊重的原則，注意場合、時機和方式，盡量減少對對方的傷害，不管對方是一個怎樣的人，不管您對他是否有好感，都要知道到他鼓起勇氣這樣做是出於對您的欣賞和喜愛。一般來說，學生時代的感情都是純潔而真摯的，為此，在拒絕一段感情時要將心比心，珍惜他對您的尊重和信任，力爭不要因為這件事而影響您今後的正常交往。

第二節　認識自戀的情感特性

自戀是人性的基本特性之一，英語中的自戀這個詞，直譯成漢語是水仙花。它來自於一個美麗的古希臘神話：美少年納西瑟斯在水中看到了自己的倒影，便愛上了自己，自此茶飯不思，憔悴而死，變成了一朵花，後人稱之為水仙花。心理學借用這個詞，把描繪一個人愛上自己的現象稱為自戀。

研究認為，女性自戀往往較多地表現為情感自戀和儀表自戀，而男性自戀者更多表現為習慣自戀和思想自戀。但不管是男性還是女性，過分的自戀都會使自己遠離社會，使自己走向極端，為此，女性需要正確對待自己的自戀心理。

第三章　情感建構的心理指導

了解自戀的表現

　　一般來說，自戀分成一般性的自戀和病態的自戀。一般性自戀可以說每個人都有一點，具體表現為自我欣賞和自信等，病態自戀則是過分的熱愛自己，以及熱愛自己所屬的組織或團體，並要求其他人也跟自己一樣熱愛這一切。

　　女人有一點自戀，也不失一種可愛。但過度的自戀卻是一種病態，是一種會傷害自己、傷害他人的自私情感。那麼，過度自戀的人通常會哪些具體表現呢？

（1）只愛自己

　　愛自己本沒有錯，但如果過頭了，就顯得自戀了。過於愛自己的女性，心理就像一面用來自我欣賞的鏡子，任何時候，自我意識中，興趣點都在自己身上，與外界交往，也只是在求證自我的魅力指數。

　　對於自己的任何性情、身體器官、容貌等過分在意，總是要找出幾點能證明自己很優秀的理由。既使是自欺欺人，自戀女性也會對他人的疑問預備好完美的解釋，既使說服不了別人，也會擺出一副不屑的表情。

（2）習慣征服

　　自戀的女性心理其實很脆弱，所以需要時刻求證自我的魅力，以強化自信心。她們找個男朋友，就絕對不能對其他女人

表達好感，無論從表象還是從內心，都要求男方對自己絕對忠誠。否則，自戀女性就會有些神經質，自信心就會崩潰。

（3）角色周旋

自戀的女性因為虛榮會周旋於男人群中，並且可以與多個男人弄得很曖昧。她這樣做的深層原因，是她認為這是一種求證自我魅力的方式，與其說她享受這種樂趣，還不如說她很欣賞這些過程中所散發的自我芳香。

（4）過分自信

自戀的女性，看自己的優點時總會用「放大鏡」，看自己的缺點時，會用「變色鏡」，她會從另外的角度把缺點也說成優點，從而，毫不心虛地為它賦予色彩感，並在公開場合予以充分展現。

所以，自戀的女性在說話的聲音、語調、走路的步態、身體語言等方面，具有特別的敏感度和自我訓練。因為她時時刻刻站在自我的門口，一隻眼盯著外界，一隻眼進行著內視。她們總會不失時機地展示自我的魅力，儘管這種魅力讓局外人覺得慘不忍睹。

同時，她們習慣在意識深處安置著一面鏡子，以便隨時用這面鏡子來欣賞自己，並且習慣拿這面鏡子照照其他的女人，以便來做一些對比，找到自己足以自信的東西，或是找到自己的與眾不同。

（5）不容他人

　　自戀的女人，總是在與自己戀愛，善於生活在自己非常優秀的心態之中，自我陶醉，自我欣賞，自我寬容，當別人說自己的壞話時，一般的情況下，自戀的女人就會表現出不屑，認為這些人在嫉妒自己，並會耿耿於懷。

（6）非常自私

　　自戀的女性，因為本質上過於愛自己，所以，感情上表現出相當的自私。但其自私最重要的表現，就是對他人的占有。在她的邏輯中，別人越在意她，她的魅力才越強大，所以，她要求自己想要占有的人要不惜任何付出，甚至是生命，讓她來得到自我魅力的確證。否則，她會用折磨來殘忍地報復對方。

認識自戀的原因

　　病態自戀女性的通常表現為狂妄自大，過於自負，自視清高，其病態的主要成因是受幼年的某些創傷有關，這些創傷性的失敗帶來的發展，阻滯著在原始的嬰幼兒的無所不能的精神結構裡。隨後，作為一個未滿足的原始需要，殘留在成人的真實自我裡，消耗自我的能量。

　　作為一種補償，在人際交往中，她會將一個理想化的客體當做自體客體以維持自戀的失衡，以及對讚美無限的需求來證實自己的無所不能。主要的原因有：

- **家庭環境因素**：單親家庭在病態自戀形成中有著重要的影響。單親家長對獨生子女的寵愛和親暱非常注重，另外，父母是因感情不好而離異的，那麼父親或母親對對方的懷恨和不滿常在孩子面前表現出來，使孩子覺得他人都是不可愛，不宜接觸的，從而促使病態自戀的產生。

- **教養方式不當**：父母經常有意識無意識地當著孩子的面或他人的面稱讚、寵愛自己的孩子，特別是獨生子女家庭中，有的父母對子女，尤其是父親對女兒，母親對兒子過分親暱、寵愛，使這些孩子從童年起就產生把自己與異性尊親認做一體的心理，而出現病態自戀的傾向。

- **缺少同齡夥伴**：獨生子女在家中缺少夥伴，如果家長不鼓勵孩子去結交朋友，不為孩子提供條件，甚至還加以阻礙，就會促使孩子從幼年期就產生病態的自戀心理。

- **受到過多打擊**：病態自戀的女性在成長的過程中，與同性或異性交往中出現一些難以解決的問題，自己的精神上或肉體上受到重大的打擊等，都會轉化成為病態自戀。

糾正自戀的方法

事實上，極度自戀的本質是極其自卑，但是，自戀型人格障礙者不像一般自卑的人，直接為自己的缺點不足而痛苦不安。而是反其道而行之，對自身的缺點故意視而不見，她們遮蔽且迴避自己問題，刻意美化自己，甚至到了自欺欺人的程度。

第三章　情感建構的心理指導

　　這類人往往無法從現實不適應、不如意的痛苦中超脫出來，而在自己製造的這種美麗的幻象中獲得自戀快樂。心理的上的這種巨大的滿足，又誘使自己繼續欺騙、演戲、幻想、陶醉，以至成了一種自我無法再意識到的習慣。為此，打破這種惡性循環正是自戀人格心理糾正的重點。

（1）解除自我中心觀

　　自戀型人格的最主要特徵是以自我中心，而人的一生中，以自我為中心的階段是嬰兒時期。由此可見，自戀型人格的行為實際上是退化到了嬰兒期。因此，要糾正自戀心理，必須了解自己在嬰兒時期的行為。我們可把自己認為令人厭煩的人格特徵和別人對自己的批評羅列下來，看看有多少是與嬰兒期相關的。

　　如渴望持久的關注與讚美，一旦不被注意便採用偏激的行為；喜歡指使別人，把自己看成太上皇；對別人的好東西垂涎欲滴，對別人的成功無比嫉妒等。

　　透過回憶自己的童年，我們可以發現以上人格特點在童年便有其原型。如總是渴望父母關注與讚美，每當父母忽視這一點時，便要無賴、搗蛋或做些異想天開的動作以吸引父母的注意；童年時衣來伸手，飯來張口，父母是僕人；總想占有一切，別的小朋友有的，自己也想有。明白了自己的這些行為都是童年幼稚行為的翻版後，在以後的生活中，便要時常告誡自己：

· 必須努力工作，以取得成績來吸引別人的關注與讚美。

· 自己不再是兒童了，許多事都要自己動手去做。

· 每個人都有屬於自己的好東西，我們只能自己努力爭取自己應得到的，但不是嫉妒別人應得的。

另外，還可以請一位和我們親近的人作為監督者，一旦自己出現自我中心的行為，便給予警告和提示，督促我們及時改正。透過這些努力，自我中心觀是會慢慢消除的。

（2）學著去愛其他人

對於過分自戀的女性來說，光拋棄自我中心觀還不夠，還必須學會去愛別人，唯有如此才能真正體會到放棄自我中心觀是一種明智的選擇，因為我們要獲得愛首先必須付出愛。透過愛，我們可以超越人生。

自戀型的愛就像是幼兒的愛，不成熟的愛，因此，要努力加以改正。生活中最簡單的愛的行為便是關心別人，尤其是當別人需要我們幫助的時候，如當別人生病時及時送上一份問候，病人會真誠地感激我們；當別人在經濟上有困難時，我們力所能及地解囊相助，便自然會得到別人的尊敬。我們只要在生活中，多一份對他人的愛心，自己的自戀情況便會自然減輕。

貼心小提示

如果您已經染上了自戀的病症，下面有三個錦囊，可以幫助您突破自戀的包圍。

1. 不去挑剔

嘗試著把專注的目光從自己身上移開，去關注離自己最近的人。當您的注意力被外部世界吸引，您會發現自戀不自覺地融化了，甚至會認為根本不存在什麼自我。例如您在一個無名的地方看見一朵無名的花開了，您就會覺得美麗，此時在您的世界裡就只有花的美而沒有了自己。

2. 自我分析

嘗試做一個自我分析，最簡單辦法就是列出自己的性格優勢以及劣勢，同時列出與自己的性格相關的真實事件。透過自我分析，一個人甚至可以找到命運的曲線。性格決定命運，人站在命運之上，根據自己的經歷產生的態度處理接下來的問題，命運也不過是這樣的不同事件的連接。自戀的人會因此找回自己的真實。

3. 歸零策略

當自戀損害了自己的生活，它就是垃圾，扔就要徹底。對於一個人來說就是歸零法則。

生活中的人應該在適當的時候為自己歸零，讓自己回歸到零狀態。如果您是一個高級職員，在您的職位上做出的業績都寫在了功勞簿上，可是您被提升成經理，在心態上就有必要歸零。您會說我很優秀，也沒有人不承認您優秀，但您的優秀是螞蟻的優秀，您戰勝了諸多螞蟻脫穎而出，您已經進化成大象，跟您站在同一起跑線上的也是大象。

為此，當自戀成為一種病，當您被自戀情結控制，健康的生活就會無形中遭到侵蝕，這是每一個人都應該極力避免並遠離的。

第三節　不要因大齡未婚而折磨身心

大齡未婚女，一般是指接近 30 歲或 30 歲以上還沒有結婚的女性。這些女性大部分經濟條件優越，既有美麗的容貌又有較好的事業，但因她們對配偶的選擇要求比較高，所以遲遲的沒有完婚。

心理學研究發現，部分大齡未婚女性，她們表面上看似平靜，實際上卻受到雙重的心理折磨：一是渴望得到愛情的急迫感和久求不得的挫折感的自我折磨；二是父母、親友的催促，鄰里、同事間閒言碎語所造成的環境壓力。這種雙重折磨時時壓抑著大齡未婚女性，使她們處於意識上好勝和感情上自卑的矛盾之中。長期的折磨使她們慢慢形成了被扭曲了的心理特徵。

了解大齡未婚的原因

大齡女性愛情之花遲遲未開，或者轉瞬即逝，未能締結婚姻的原因往往很多，但主要有以下幾個方面：

- **情緒糾結**：有些女性在年輕時也像其他女性那樣，有過愛的熱情，有過愛情的體驗認識，但最後被對方無情地拋棄、

欺騙了。還有的女子，自幼看到母親或者其他親友在愛情上遇到的傷害，使她們得出一個單方面的，但很固執的結論，就是男人都不是好人，都是喜歡欺負女性的，他們喜新厭舊，沒有良心。於是，她們就藐視愛情，對異性心存警惕，不敢進入情愛的天地，導致在最佳年齡與愛情擦肩而過。

要求過高：有的女性特別是條件比較優越的女性，受到女不下嫁的思想影響，認為擇偶時對方無論在文化程度與才能上都要比自己高，才配得上自己；有的甚至要求男性必須十全十美，既學識淵博、才華橫溢、品行端正、忠厚誠懇，還要身材偉岸、風度翩然、氣質不凡。

其實，現實生活中十全十美的男性是很少的。擇偶的求全責備使一些條件較好的女性選來選去沒有合意的知音，不知不覺便走入了大齡未婚的隊伍。

機緣錯過：有相當多的女性本來可以覓得如意郎君，但因為社會的動盪、環境的變遷，使這些女孩的愛情之花在黃金時代未能開放。如有些女性有很強的事業心，她們在青春最好的時光裡，都把全部的時間和精力用在了學習和工作上，顧不得考慮自己的婚姻大事，等到自己學業已成，或者在工作上取得一定成就的時候，才開始考慮自己的個人問題，但此時「紅顏」已衰，由此錯過戀愛的最佳時光。

- **獨身主義**：現代生活中，有些女性還信奉獨身主義，因而錯過戀愛的最佳時期，進入大齡未婚女性的行列。信奉獨身主義的女性認為結婚會為此背上沉重的家庭包袱，生兒育女，照顧丈夫，沒完沒了地拖累與費心，不如獨身一人生活輕鬆。

認識大齡未婚的心理變化

在我們的日常生活中，有部分大齡女性能夠正確地對待自己的個人生活問題，並且以積極的態度去解決個人的生活，但有部分大齡女性卻在單身的生活期間，逐漸產生了一些消極的心理，因個人的客觀條件與心理狀態不同，產生的心理變化也不盡相同。她們的這些心理變化大致有如下幾種。

- **逃避心理**：有些大齡未婚女性對戀愛婚姻產生一種防衛逃避心理。她們不喜歡旁人問自己是否結婚和有沒有對象，何時結婚以及年齡多大等問題。因而，她們不願意參加集體活動，不願意參加社交活動，怕旁人問及自己的私生活問題是否解決，喜歡一個人看看書，或者一個人到公園、河邊、湖邊隨便走走，從而逐漸使自己形成一種孤獨感。她們常常迴避旁人談及戀愛、婚姻家庭的事情，害怕參加別人的結婚儀式。有些人因迴避發展到遷怒。她們藐視穿戴時髦的年輕人，討厭一對對卿卿我我的情侶，敵視在她面前炫耀婚戀幸福的人。

第三章　情感建構的心理指導

為此，年輕人喜歡的事，她們展現出冷淡；年輕人不樂意做的事，她卻偏偏要做。她喜歡素雅、持重的髮型；但有時，她們又會忽然穿得比一般年輕人更時髦，打扮得比其他女性更別緻，向她們討厭的人們示威、挑戰。這些都是明顯的逃避、不敢正確面對的心理。

· **悲觀心理**：有的大齡未婚女性由於青春年華已過，愛情遲遲沒有到來，對自己的婚姻大事便有了悲觀的心態，以為自己是站在愛情角落裡，愛情的太陽光難以照到自己的身上。更有甚者由於戀愛的多次不成功，就以為自己年齡大了還沒有結婚是件丟人的事，由此而引發自卑的心理。

· **麻木心理**：有的大齡未婚女性產生了一種麻木心理，她們以為反正自己已經年齡大了，就聽天由命吧！對自己的婚姻大事反倒不著急了，使她們的愛情心扉處於封閉狀態。

· **封閉心理**：有的大齡未婚女性本來就不善於交際，不願在婚姻問題上採取主動態度，因為害怕別人的詢問而常常將自己關在個人的小天地裡，交際範圍十分狹窄。

· **敏感心理**：有的大齡未婚女性產生強烈的愛情需求，她們急切地需要解決私生活問題，對異性特別是未婚異性很願意靠近，也很敏感，有時往往把對方嚇跑。有些女性在與尚且合適的對象進行交往中，因為害怕失去總是急於得到一個確定的答覆，以致寢食難安。因此，男性在向這些女

性求愛時，男的必須得主動，不要被她們的外貌冷淡嚇退。

- **需求寄託**：有的大齡女性看到自己青春已過，認為自己的婚姻是沒有希望的事了，就把自己的一切寄託在事業上，她們發奮工作，企圖用事業上的成功來尋覓快樂，得到寬慰。

針對大齡未婚的建議與對策

一般說來，要根據每個大齡未婚女性心理變化的詳細環境，採取相應的措施，促成她們得以結成良緣。

- **正確對待遲來的愛**：大齡未婚女性要正確對待遲來的愛情。要知道，在合適年齡結婚的女性如同在愛情花園裡盛開的春桃，但遲來的愛情好比是傲霜的秋菊，而秋菊之媚並不遜於春桃之豔。

- **破除傳統婚配習慣**：傳統的男女婚配年齡差和續絃問題，是引起大齡未婚女性錯過許多婚配良機的重要原因。婚姻是以愛情為基礎的，婚姻的色澤與幸福決定於男女雙方可否建立起真摯的愛情，並不決定於是否結過婚或者年齡差距。在我們的生活中不凡有很多大齡女性成為後妻，夫妻相親相愛的例子。為此，大齡女性應以感情為主，而不應顧慮傳統眼光。

- **加強日常社會交往**：大齡未婚女性要充分利用業餘時間，

加強日常的社會交往。這樣不僅可以驅散心中的孤獨感與寂寞感，而且在來往中能結交很多異性朋友，在結成友誼的基礎上，有可能發展為愛情。

- **善於捕捉愛情機遇**：耐心等待、積極與異性接觸、了解，並善於捕捉機會是克服大齡女性心理的良方。對於有過戀愛史的大齡未婚者來說，特別要注意克服預期心理。隨著戀愛次數的增多，頭腦中具有戀人形象也增多了。這些戀人各方面條件的比較與衝突的機會也就相應增加了，自然容易產生預期心理。這有點像到商店挑選商品，挑來挑去總不滿意，甚至覺得一個比一個差。

為此，大齡未婚女性，要充分、及時利用各種機會，獲得認識異性的更多機遇，要善於利用各種媒體、仲介機構或親朋好友介紹平台，擴大自己的社交範圍，尋求自己的幸福。另一方面，社會也應積極創造條件，為眾多未婚女性搭橋牽線，幫助大齡未婚女性解決她們戀愛中的困難，只要大家齊心協力，大齡女性的婚戀問題就一定能夠得到圓滿解決。

貼心小提示

「男大當婚，女大當嫁」是自古的傳統，可有些女性一不小心就成了大齡未婚女性，特別是一些處於都市的單身女性，她們由於工作壓力大、作息沒規律、情感無處宣洩等諸多原

因，更容易在生活中使自己患上各種疾病，為此，建議您在尋找愛情的同時，還要注意自我保健，因為健美的身體是您尋覓佳偶的本錢。那麼，怎樣才能保持好的身體呢？

應積極應對工作和生活的壓力，放慢生活的步調，或改變生活方式，透過輕鬆的戶外活動或自己感興趣的特殊技藝來減緩壓力、舒展身心。理智控制情緒，學會調節情理之間的平衡，保持良好的心理狀態，做到知足常樂，保持心理健康。另外，要加強運動。運動可以儲備生命力，保持旺盛的工作精力和能力，加速血液循環，延緩衰老。

第四節　正確地應對失戀的心理

失戀是指戀愛中痴情的一方被另一方所拋棄。從心理學角度來看，失戀可以說是成年人的生活中最嚴重的挫折之一。失戀引起的主要情緒反應是痛苦與煩惱。尤其是女人往往會出現心理失衡，性格反常。嚴重者很容易導致過激行為，如採取自殺、報復等方式來進行應對。所以必須注意這種心理的調適。

了解失戀的表現

失戀是指戀愛的一方否認或中止戀愛關係的結果對另一方造成的一種嚴重挫折。一般來講，輿論挫折和家庭挫折，難以中斷戀愛者的戀愛意向，相反，由於反抗心理的作用，往往會強化戀愛者的愛情關係。失戀則不然，這是一方對另一方不滿

第三章　情感建構的心理指導

意，另一方不得不分手。他失去了對方的愛情，而這種情感又無法替代。

因此，失戀會造成一系列消極心理，如難堪、羞辱、失落、悲傷、孤獨、虛無、絕望和報復等。這些不良情緒，如果得不到及時的排除或轉移，就很容易導致悲劇的發生。

失戀對執著於愛情的人來說，像是晴天霹靂一樣，沒有人願意平白無故的失戀，就像沒有人想莫名其妙的被雷擊一樣，失戀引起的主要情緒反應是痛苦與煩惱，大多數人能正確對待和處理這種戀愛受挫現象，愉快地走向新生活，然而也有一些人無法及時排除這種強烈情緒，導致心理失衡，性格反常。一般情況下，失戀者的心理表現有以下幾種情況：

- **絕望**：有的女性突然失戀以後，在情感上首先會產生極大的悲傷和痛苦，隨之而來的便是憤怒和絕望，很可能產生魯莽的異常行為，如自殺，殉情，報復他人等。
- **報復**：這種情況通常發生在感情受到受到欺騙、玩弄的失戀者身上。為了宣洩自己的憤怒和不滿，可能採取非理智的極端行為，甚至乾脆以自己的沉淪來報復社會和他人。
- **自卑**：有的失戀女性因自尊心受挫會產生強烈的自卑感，有的甚至從此拒絕愛情，性格變得孤僻、古怪，嚴重者有自殺念頭或行為。

· **易怒**：女性失戀後，有的人易將消極的情緒遷怒於人或事物
　中去，如易發脾氣，對任何事都覺得不順心，容易發怒，
　這種無端的遷怒常會導致行為偏激。

戰勝失戀的方法

　　女性失戀的不同心理反應，會嚴重影響人的身心健康，甚
至會導致一系列社會問題，為此，我們應當學會自我心理調
整，下列方法可供採用。

· **傾吐**：當自己在精神遭受打擊，被悔恨、遺憾、留戀、惆
　悵、失望、孤獨、自卑等不良情緒困擾，應當找一個可以
　交心的對象，盡訴自己胸中理不清的愛與恨，怨與愁，以
　釋放心理壓力，並聽他們的評說與勸慰；或用書面文字如
　日記、書籤把自己的苦悶記錄下來，留給自己看，寄給朋
　友看，這也可能釋放自己的心理負荷，求得心理解脫。

· **自強**：失戀女性在初期最常見的反應是喪失信心、自怨自
　艾、憤憤不平，覺得無臉見人，或自甘墮落、逃避現實。
　報復之法不可取，而自己灰心喪志，每日以淚洗面，誤了
　正事，狀似可憐，其實也是敗筆。因為這些舉動，只是使
　對方更加得意忘形，對自己沒有絲毫的益處。
　處理失戀後的憤憤不平，最好的方法是好好過日子，自立
　自強，活得比以前更好，努力使日後的學業、事業更加進
　步、發達，將來嫁一個比原來更好的對象。

第三章　情感建構的心理指導

· **移情**：愛情固然是每個人所渴求的，但沒有絕對順利的愛情。失戀以後，女性應該審視愛情在人生中的價值與地位，要放棄人生就只是為了愛情，愛情重於為社會做出貢獻的偏頗的愛情至上觀點，及時適當地把情感轉移到失戀對象以外的其他人或事上。

如失戀後，可與其他人發展更為密切的關係，可積極參加各種娛樂活動，釋放苦悶，陶冶性情；可投身大自然，把自己融入到大自然的博大胸懷中，以得到心靈的撫慰。

要知道，人活在這個社會，要經歷許許多多的困難險境，失戀並不是什麼大不了的事，我們要笑著面對一切，才能再次邁向成功。

貼心小提示

失戀是一種特別的經驗，為了降低自己的失戀機率，您在戀愛前，最好先幫自己打以下幾針「失戀預防針」。

第一「針」，您必須要明白這樣一個真理，那就是談戀愛有兩種結局。第一種結局就是甜蜜地走到最後；第二種結局就是不可避免的分手。這兩種結局都是很正常的結局，無論您的結局是哪種，請提前做好心理準備，特別是分手的準備。沒有準備好，就不要著急地去談戀愛，因為您談不起，當然不怕死的例外。

第二「針」，戀愛中，如果發現對方的心裡有了別人，不要傻傻地想他會回心轉意，更不要義憤填膺地要跟那個人競

爭。趁著對方還沒提出分手，抓緊時間把對方踹開，該出腳時就出腳，千萬別晚了，不管您是男人還是女人，只需勇敢地踹，因為您不勇敢他勇敢，您不踹他，他先踹您。踹完了，別忘了誠心祝福對方。記住，這個世界上誰都不是誰的小甜心，可甜言蜜語卻一個比一個說得好聽。

第三「針」，失戀後，可以哭，可以折磨自己，也可以折磨別人，一個月內，別人會同情您、安慰您。但兩個月後如果您還那樣，別人會說您痴情；三個月後如果您還那樣，別人會說您傻得可愛。但如果事情都過去半年了您還那樣的話，別人會說您活該被甩了，並懶得理您了。要記住，凡事有限度，過猶不及，差不多就行了，別老把自己弄得人不人鬼不鬼的樣子嚇人，不然您會失去更多。

第四「針」，即使真被甩了，也沒有什麼可自卑的。因為其實我們也會甩別人，但我們把甩的權利讓給了對方，畢竟謙讓是傳統的美德。失戀並不等於失敗，整個人生並不會因為失戀而黯淡無光，反而有時人生會因為失戀而變得更加美好。不信拉身邊的過來人問問，有過失戀經歷的人不會欺騙您。

第五節 懂得掌握愛情的盲點

真正的愛情，就熱情來說，是生命的一次震顫；就溫柔來說，是彼此的呵護和關愛。愛情的殿堂是聖潔的，它需要用純美的心靈來啟航。

人類的情感是複雜的。許多的真情是美好的，令人神往的

第三章　情感建構的心理指導

如親情和友情，但它們卻不能與愛情混為一談。一些年輕女性之所以在感情問題上感到很傷神，常常是因為對感情的掌握發生偏差，為此，女性應該正確地掌握以下幾種常見的愛情盲點。

尊敬不等於愛情

有的年輕女性對工作積極和有貢獻突出的人很尊敬，有的常常因為對自己的異性上司很佩服，很敬重而產生愛情。

但女性應該明白，相愛之人固然是相互敬重的，但是異性之間單純的敬重並不能代替愛情。為此，女性要善於區別尊重與愛情的關係，對自己的戀愛與婚姻才會有益。

感激不等於愛情

俄國著名作家車爾尼雪夫斯基的《怎麼辦？》一書中，寫一位叫藏拉的姑娘，她反抗家庭強加於她的婚姻，得到羅普霍夫的支持。出於對羅普霍夫的感激之情，藏拉與他結了婚。婚後她發覺，自己對羅普霍夫並沒有愛情，她愛的是羅普霍夫的朋友吉爾沙諾夫。於是，這樣造成了三人都很痛苦。後來，羅普霍夫也意識到他與藏拉沒有真正的愛情，他用假死解除了婚約，成全了藏拉與吉爾沙諾夫，而羅普霍夫自己最後也獲得了屬於自己的愛情。

女性應該明白，因感激對方而選擇愛情是不正確的，必須要與對方建立實際的愛情，才能在愛情中得到真正的幸福。

同情不等於愛情

在與異性的交往中，女性經常會產生男女之間的同情。同情是人類的一種寶貴的行為，但同情本身並不是愛情。女性更富有同情心，因此容易把同情與愛情混在一起。女性也易體察男性的同情心，對來自異性的同情心很敏感，因此也易誤認為異性的同情心就是對自己的愛情。現實生活中把同情與愛情混在一起的事例屢見不鮮。

但女性必須明白，可憐之人必有可恨之處，自己一味的同情，可能會帶來相反的後果。如果對方不能正確認識自己，女性再怎麼幫忙也是徒勞無功的，與其把自己的生活攪亂，還不如讓對方自己認真去體驗生活。畢竟，生活是自己的不是別人給予的。

當然，不可避免的是，未婚異性在同情的基礎上也有可能會發展成為友誼，在友誼的基礎上再發展成為愛情，不過這是需要一個漫長的磨合和過度的。

友誼不等於愛情

異性友誼與愛情本質上是兩回事。但異性友誼與愛情也有關聯。異性友誼的進一步發展可以轉變為愛情。但異性友誼畢竟不是愛情。

有些女性與男性在學習與工作中建立了友誼。有時男性誤認為雙方有了愛情，而主動地向女性求愛。有時女性誤認為雙

方有了愛情，而主動地向男性求愛。這說明在實際生活中，有些人把友誼與愛情混淆了。

一些女性混淆了友誼與愛情的界限，主動向男方表達愛情，遭到婉言謝絕，自尊心受到挫折，情緒低沉。為此，女性應該明白異性友誼是廣泛的。在學習與工作中，一位女性可與多個男性在彼此的感情基礎上發展成為友誼。但愛情卻具有排它性，一位女性只能與一位男性結成愛情關係，即愛情是專一的。

同時，愛情具有性意向。性意向是構成愛情心理結構的一個重要因素。在正常的心理狀態下，不具有性意向的愛情是不存在的。異性朋友之間的友誼不具有性意向，在正常的心理狀態下，具有友誼關係的異性朋友，一般不會發生性關係。

異性雙方都沒有戀愛對象或伴侶，異性朋友之間的友誼可能在一定的條件下發展成為愛情。異性雙方或一方已有戀愛對象或伴侶，在正常的心理狀態下，異性朋友之間的友誼不應該發展成為愛情。

綜上所述，女性應把愛情和友情區分開來，不要輕易選擇異性好友作為自己的戀愛對象。

要正視一見鍾情

在我們的生活中，年輕男女常常出現一見鍾情的情況。所謂一見鍾情就是一種突然發生的愛情。

從心理學角度來看，一見鍾情是一種正常的心理現象。當一個人進入青春期以後，便會自然萌發對異性的嚮往和追求，從自己的審美標準、價值標準、修養水準出發，朦朦朧朧地憧憬起自己理想中的情人來。

比如，許多女孩為一些電影明星所傾倒，希望自己未來的丈夫是英俊、瀟灑的現代男子漢。這種理想儘管是模模糊糊的，但表明了人選擇配偶的心理傾向。然而，好感畢竟屬於感性階段的心理活動，如果把好感當做愛情，這就是對愛情的誤解了。

因為愛情是人類特有的精神現象，它由生理現象產生，並帶有深刻的社會內容。大部分動物的性活動並不選擇特定的異性對象。人則不同，人的意識、情感、志趣、價值標準等複雜的精神生活決定了他選擇配偶的複雜性。從這個意義講，愛情是伴隨著對對方的細心地觀察，冷靜地思考，誠心地培養而產生的。

一個人的品格、才華、修養往往透過他的舉止言談表現出來，在符合理想，觀察能力強的前提下，不能說沒有可能在三言兩語、一顧一瞥中作出準確的判斷，覓到理想的知音。但是，必須指出，這具有很大的偶然性。

一見鍾情畢竟處於認識的感性階段的心理活動，因為這種感情大多產生於對對方外表、舉止的愛慕之上，這種愛慕遠遠

第三章　情感建構的心理指導

談不上深入到人的本質，因此，女性切不可把一見鍾情看作是戀愛的終點，形成閃電式的戀愛，造成閃電式的結婚，這樣可能鑄成大錯，將來後悔莫及。

貼心小提示

雖說「時間可以改變一切」這話不假，但是放在愛情裡，您就得好好思考，自己對對方的情誼到底是不是愛，在沒有完全了解對方的情況下，千萬不要輕易去愛，因為愛情和婚姻一樣，不是兒戲。

身為一個成年人，您要明白愛情的基礎是追求親密伴侶和在生活上志同道合的朋友，如果您們生活上不能互助互諒，志同道合，就無法建立起真正的愛情，那麼怎麼才知道自己是真的愛上他了呢？

在這裡，我告訴您一個簡單的方法：如果您嫉妒別人和他接觸，就說明您已經愛上他了。因為戀愛中的嫉妒是一種愛的信號。

第四章　對婚姻難題的心理掌握

婚姻情感心理是進入婚姻適齡期後，男女雙方在選擇是否進入婚姻這一圍城前的一種心理考慮、自我設定，以及締結成婚之後的心理感受、婚前婚後的體驗比較。

婚姻是戀愛的歸宿，是一個最美好的情感話題。每一個步入婚姻殿堂的女人，都必定希望自己的婚姻之路能夠一帆風順，長長久久。對此，女人必須懂得掌握婚姻情感的心理。

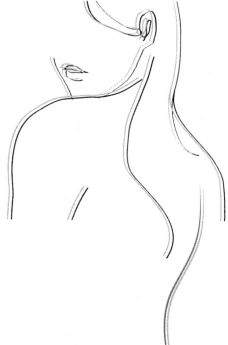

第四章　對婚姻難題的心理掌握

第一節　懂得應對婚前恐懼症

婚前恐懼症是指即將結婚的人，面臨婚後的角度轉換，生活方式的反差，致使一部分人在即將步入婚姻殿堂時，會對自己的未來人生狀況產生一種捉摸不定、莫名其妙的憂慮，這就是心理學上所說的婚前恐懼症。

我們女人須知，結婚是一種契約，從此兩人就要同結一心，承擔責任，恪盡義務，而不能率性而為。即使遇到一些矛盾也要冷靜理智地溝通。如此才能享受婚姻的幸福。

了解婚前恐懼症的表現

婚姻本該是件幸福的事情，女性從小就幻想自己穿上潔白的婚紗，牽著白馬王子在婚禮進行曲的伴奏下交換戒指；努力工作，拚命賺錢為的就是將來結婚生子。然而，當婚姻在即，有的人卻因種種原因退縮了，這就是婚姻恐懼症狀的典型表現。

婚姻對每一個步入的人來說，的確有很多不確定因素的存在，這是一個人生的新課題，如何準備？如何步入？如何去適應？這些問題令人緊張、焦慮和恐懼，這都是可以理解的。一般說來，患有婚前恐懼症的女性具有以下特點。

- **沒有責任感**：那些個性不成熟，依賴性強、生活能力差的女性，對即將到來的婚姻生活，容易產生緊張焦慮感。心理學認為，履行婚姻生活的人必須有相當的成熟程度和責

任感，需要有一定的理性思考和應付生活的能力。而那些一味依賴他人，為人處世完全聽任感情誘導的人，往往留戀不被期待履行責任的戀愛期，而對進入婚姻期產生焦慮。

‧ **過度的憂慮**：在精神和感情上，總有些女性屬於敏感型的。她們對婚姻生活可能出現的矛盾衝突提前憂慮起來，這部分人或受到父母婚姻不和陰影的影響，或是看到周圍婚姻破裂的實例，或者早已耳濡目染了「婚姻是愛情的墳墓」的說法，因而產生了一種「好花不常開，好景不常在」的婚前憂慮。

認識婚前恐懼症的原因

婚前恐懼主要來源於兩個方面的原因：一是社會輿論對婚姻生活的負面「宣傳」，以及一些媒體對各種婚姻問題的剖析，過多地「暴露」了婚姻的陰暗面，使有「結婚意向」的人感到一種無形的壓力，以致產生對婚後生活走向過分憂慮和對婚姻失敗的恐懼；另一個原因是，一方對另一方某方面不是很滿意，或對對方某些缺點在成家後能否改變，自己能不能適應等心存疑慮。這兩個原因使一些即將結婚的年輕男女猶豫起來。

‧ **角色的轉換**：從戀愛走向婚姻，角色的變化，從戀人到夫妻，甚至更為複雜的角色，已不單單是單一的一對一的關係了。這些角色的變化意味著，人可能有很多的改變，因

為角色的社會性增強了，她勢必會擔心：我會做得如何？他會做得如何？是否能如人所願，角色扮演能否到位。

· **感情的變化**：戀愛時男女雙方的距離比在婚姻中的距離是不相同的，由於距離的原因，女性往往是在現實和幻想中去期盼著和評價著對方，這種評價是有局限性的，戀愛中對方的優點是放大了的，而婚姻具有極大的現實性，是雙方自我暴露的極端。

由於這種情況，特別在遇到一些問題或困難時，對對方的表現可能會大打折扣甚至會懷疑自己和對方。於是，女性會情不自禁地問：婚姻對於每個人來說是一件嚴肅的事，他是否能讓我託付終生，他能否與我白頭偕老呢？人生的這一次的選擇對嗎？

· **社會的影響**：患有婚前恐懼症的女性源於社會的影響，如年年成長的離婚率、夫妻分居、包「二奶」，以及種種破壞婚姻的事件的發生和宣傳，使她們對現實婚姻產生懷疑。

克服婚前恐懼症的方法

應對婚前恐懼症的方法有很多，以下主要為女性介紹最實用的三種方法。

· **找出恐懼的原因**：也就是說，首先要明白自己到底恐懼的是什麼？如果說是對婚姻恐懼，建議女性可以多多到對方

家去做客，在生活中去了解他們的各種情況，為適應婚姻做一個鋪墊和準備。還可以請教自己的父母，因為他們最了解自己，他們可以給自己一些生活的經驗和建議。

· **雙方多多的交流**：如果是擔心婚姻不能長久，這就需要戀人間的互相交流，以打消顧慮。此法尤其適合那些對戀愛對象的婚姻動機持懷疑態度的患者。婚姻的生活是美好的，我們不能因為電視、網路上對婚姻的負面報導而對婚姻失去信心。

· **轉變不合理認知**：此法適合那些被囚禁在過去失敗陰影中而遲遲無法獲釋的患者。很多人由於在前一段婚姻中不幸的經歷導致對婚姻失去信心甚至有了恐慌感，即使面對自己喜歡的人也不敢展開另一段婚姻，這樣的婚前恐懼症患者應立即轉變對婚姻的負面看法，積極的面對婚姻生活。

我們應該明白，婚姻是血緣關係之外最為堅固的關係。為此，解決婚前恐懼症最根本的方法是：善於發現對方的優點和包容對方，在生活中關心對方和尊重對方，使愛情之樹常青。

貼心小提示

一般來說，患上恐婚症的女性，會對未來婚姻有一種恐懼感，症狀通常是煩躁、脾氣比較急、愛發火。有的女性則是沉默寡言，不願多說話，進而影響到工作和生活。在這裡，我為您介紹兩種恐婚症的療法。

1. 飲食療法

具體做法是適當補充維他命 C、維他命 E、維他命 B 群和鎂，並適度多飲水，因為這些維他命和礦物質有助於您保持頭腦的清醒，同時可緩解婚姻帶給您的壓力。而對於咖啡、菸、酒等刺激性的物品，您應該避免食用，因為這些東西都含有刺激神經的元素，不但無法幫您舒緩心情，還會使您更加煩躁。

2. 音樂療法

音樂是一定頻率的聲波振動，攜帶有不同的物理能量。音樂對人體的作用應該包括心理和物理兩大部分。婚前聽些旋律優美、曲調悠揚的樂曲，可以轉移和化解心理焦慮，產生愉悅的感覺。音樂還能透過神經內分泌系統，進一步對人體機能進行調節，比如，促進血液循環，促進胃腸蠕動及唾液分泌，加強新陳代謝等作用，從而使您精力充沛。

第二節　正確看待頂客一族的問題

頂客是英文 DINK 的音譯，是指那些具有生育能力而選擇不生育，除了主動不生育，也可能是主觀或者客觀原因而被動選擇不生育人群。

頂客家庭的成員一般夫妻雙方都有收入，通常是社會上的中產階層，收入和消費水準較高。與美國 1960 年代的那些年輕人有些相似，他們中有很多人認為養育孩子是一件非常麻煩的

事，會妨礙他們夫妻的生活。

　　曾經，這樣的家庭會被別人議論或者譴責，甚至被別人懷疑有生理問題。而現在，隨著社會的多元化和輿論環境的改善，這種家庭已經開始被社會和公眾理解和接受。

了解頂客一族的心理因素

　　我們先來研究一下是什麼原因讓年輕女性不願意生育孩子？

- **社會競爭大**：當代成功養育孩子是需要非常多的財力人力和時間的。孩子本身壓力很大，父母也十分焦急，這在發達地區尤其突出。

  現代女性普遍覺得現代世界太亂，社會競爭非常殘酷，不希望孩子也來受苦。如果孩子過得不開心，自己看著也心疼，所以寧可不生。

- **父母太辛苦**：成功養育一個孩子是非常艱苦的過程，而且往往影響工作事業。加之兩人世界的浪漫沒過夠，所以女性寧願不要孩子。

- **生存壓力大**：現代社會競爭非常激烈，年輕女性根本沒有時間生孩子，等到年長一點，事業算有小成，但卻比以前更忙。到最後步入到高齡產婦的行列，而高齡本身對於胎兒的健康和女性的身體本身都不利，於是便索性就不生孩子了。

第四章　對婚姻難題的心理掌握

- **婚姻不堅固**：安穩的家庭環境對於孩子的健康成長至關重要。眾所周知，離異的破碎家庭往往導致孩子內心消沉、恐懼婚姻。然而現代生活中，更多情況是婚姻的不穩定性越來越高，婚外情也越來越多。所以，在女性對自己的婚姻沒有十足把握的情況下，寧可不生孩子。
- **分娩很痛苦**：有的女性，特別是從事婦幼工作的女性，看到初為人母婦女分娩的痛苦，婦科疾病的折磨，以及養育兒女的艱辛而在婚前就向男方提出不生育。
- **不喜歡孩子**：所謂「蘿蔔青菜，各有所愛」，某些女性本身就不是很喜歡孩子，生了孩子又不願意全心全意地對其照料，她們認為生而不養、養而不教是非常不好的事情，所以寧可不生。

認識頂客一族的產生原因

從古至今，「不孝有三，無後為大」的傳統觀念在心中根深蒂固。所以，頂客家庭很難成為全社會的生活潮流，但在夫妻文化程度都比較高的家庭裡，這一觀念卻大有市場。

證據之一是，頂客家庭的數量正穩步上升，其成為某個特定階層的婚姻時尚，而引起頂客一族被越來越多人認可的原因主要有：

- **希望實現自我的價值**：一些文化素養較高、事業心強的夫婦，他們有他們的人生觀、生育觀。覺得人生苦短，精力

有限，魚與熊掌不能兼得。為了讓自己的才華在有限的時間和精力內得到最大、最有效地發揮，為實現自我價值，婚前雙方就訂立了一輩子相知相守而不生育的協議。

- **追求享受高品質生活**：在現代社會中，在富貴場的誘惑、影視文化的裹挾、商業資訊的糾纏下，一些夫婦追求現代化的享受、高品質的生活。他們吃要生猛海鮮，穿要名牌服裝，行要有私人轎車，身材要保持少女身材，玩要進歌廳、舞廳、酒吧等，但當他們看到已經成為父母的夫妻為撫養、教育子女所付出的昂貴費用，現代社會生存競爭的劇烈等，使這些城市新潮人物望而生畏。而頂客家庭由於可以省去養育子女的大筆開銷，生活品質肯定高於普通家庭。

- **沒有良好的生活環境**：隨著現代都市房價的日益上漲，有的家庭婚後住房問題不能解決，結婚後只能靠租房子過日子，為此不願承受再添丁加口所帶來的煩惱。

認識頂客一族的人生影響

按理說，頂客一族的選擇，別人無權干涉。不過當事者只注意到眼前的利益而忽視了長遠利益，只注意到享受與創造而忽視了自我使命。

就人的一生來說，既有童稚之趣，又有情愛之歡；既有事業之求，又有天倫之樂，從而構成了情趣盎然而又複雜多變的

第四章　對婚姻難題的心理掌握

人生樂趣。為此，我們除對頂客家庭給予必要的理解之外，還應負責任地指出，頂客族的顧其一點而不及其餘的做法，不能說不是陷進了心理的盲點。

（1）頂客會影響繁衍

人生在世，應該說肩負著人類繁衍和創造人生價值的並行不悖的雙重使命。人類不能繁衍，人才必然斷絕，社會就無法發展。

我們雖不主張將女性作為生育的機器，無所控制地繁衍後代，但必要的繁衍，特別是高素養的人類適度繁衍，還是應該提倡的。從目前的頂客家庭來看，基本上都是高素養的人才，為了眼前的事業和夫妻的生活享受而放棄良性基因的延續，對人類發展只能是一種損失。

（2）頂客會減少快樂

人活在這個世上，不是工作狂，也不是享樂狂，萬紫千紅才是春，豐富多采才是情。人要創造，要開拓事業，要為社會奉獻出自己的聰明才智，但這與家庭生活，與生兒育女並不矛盾。

同時人身為有感情的高級動物，其感情世界是多采多姿的，這裡有夫妻間的愛情，父子和母子間的親情，祖孫間的隔輩情，如此構成了人生的生命交響曲。在這支交響曲中，情愛之樂、親情之樂和天倫之樂是最強而有力的樂章。

第二節　正確看待頂客一族的問題

當我們的孩子叫著爸爸媽媽，向自己蹣跚走來時，當孩子把剝好的橘子瓣塞在我們嘴裡時，當孩子在校表現優異時，當孩子在我們住進醫院像自己照顧他那樣照顧自己時，我們可以感受到一種任何感情都無法替代的親情之樂和天倫之樂，而放棄生育的年輕女性將會難以享受到人生的這一樂趣。

為此，建議女性不要因暫時的勞累和孩子的負擔，而放棄未來，其實育嬰艱難，只有一兩年的光景，與漫長的人生相比，只不過是短短的瞬間。因小而失大，因暫時而失久遠，不更是選擇的失誤嗎？誠然，短暫青春的兩人世界是美好動人的，可是在我們事業成功，人過中年之後就會從浪漫的情境中回歸到現實之中，到那時，我們可能會因此而後悔。

貼心小提示

產生頂客現象的原因多是由心理和社會壓力造成的，為此，建議您在平時的生活中用減壓來解救自己，具體的做法如下：

一是每天尋找時間放鬆，如呼吸新鮮空氣，做適量的運動，散步，時常出入一下辦公室，變換一下環境，這些活動有助於釋放壓力，放鬆大腦，恢復精力。

二是隨身帶個小皮球，鬱悶時偷偷捏一捏。美國一個專為現代白領排憂解難的服務網站的建議。隨身攜帶一個網球、小橡皮球或是什麼別的，遇到壓力過大需要宣洩的時候就偷偷地擠一擠、捏一捏。

三是適當的吃些減壓的食物也可以幫您減少心靈壓力。一項最新醫學研究發現，某些食物可以非常有效地減少壓力。比如含有 DHA 的魚油，鮭魚、白鮪魚、黑鮪魚、鮐魚是主要來源。此外，硒元素也能有效減壓，金槍魚、巴西栗和大蒜都富含硒。維他命 B 群中的 B2、B5 和 B6 也是減壓好幫手，多吃穀物就能補充。

第三節　閃婚者不要忽視感情基礎

有人說，如今是一個速食愛情的時代，「閃電結婚」是繼「愛情速配」後又一種情感速食。它指的是男女雙方在極短的時間裡從相識、相愛到結婚。是有別於「一見鍾情」、「一夜情」的一種實質性婚姻模式。

這一現象，多發生在現代年輕男女的身上，但是由於兩人從認識到結婚時間非常短，所以對彼此不是很了解，於是在閃婚中出現的離婚率非常高，為此，年輕女性在選擇閃婚時一定要保持頭腦冷靜。

了解閃婚的原因

現代社會是一個快速發展的時代，是一個競爭激烈的時代，隨著時代的發展，我們對婚姻的感情含量要求越來越高。過去的那種「父母之命，媒妁之言」的婚姻已經不復存在，從「愛，就一個字」、「死了都要愛」等現代流行的歌曲中可以

看出，這所有的一切都讓「愛」成為締結婚姻最大的理由。

　　而這個速食的愛情時代，讓閃婚有了存在的空間，他們認為，閃婚既節省了金錢也節約的時間，同時也證明了真愛的存在，於是在我們身邊選擇閃婚的人越來越多，綜合起來，他們有各自的選擇因素。

- **第一印象**：對多數年輕男女，第一次約會的印象將決定他們是否「有緣」。研究還發現，大多數約會者說他們在一見面的幾秒鐘裡，就做出了是否和對方繼續交往的決定，一些人甚至只需要 3 秒鐘。
- **躲避孤獨**：閃婚與現代人的孤獨感有關。許多年輕男女閒暇的時候往往感到孤獨鬱悶，遇到一個心儀的對象，生怕被別人搶走。對這些人來說，閃婚就是為了躲閃個人生活周圍的孤獨寂寞，用結婚的形式來填補某種真空地帶。加之現代人的婚姻觀念比較開放，以及周圍人對閃婚的寬容，使得一些年輕人選擇閃婚。
- **貪圖富貴**：不少閃婚者不是跟著感覺走，就是有所貪圖。譬如，為了所謂的容貌、房子、車子、金錢，甚至為就業找工作，不惜以身相許，先解燃眉之急再說。過於感覺化、功利化的婚姻觀，使婚姻提速，這就造就了閃婚族的越來越多。

第四章　對婚姻難題的心理掌握

· **父母壓力**：部分選擇閃婚的人看到自己身邊朋友、同事都已經結婚生子，就自己一個人每天拚命的工作，不知道還以為是同性戀，所以面對父母的壓力和朋友的懷疑，不得不抓緊時間找一個合適的對象趕緊結婚，消除這些對自己的負面影響和流言蜚語以告天下。

· **奉子結婚**：也是許多閃婚族的做法，這類人常常在認識不久就發生了性關係，而在熱情中又沒有採取措施，事後又捨不得打掉，如果沒有結婚就弄出一個孩子來，則沒名沒分，所以許多年輕人只好選擇奉子結婚。

認識閃婚的危害

婚姻是組成家庭的必經之路，而家庭的穩定取決於婚姻是否可靠和感情是否牢固。愛情和婚姻是有區別的，愛情可以虛無飄渺，婚姻卻要面對真實生活，因此閃婚由於其快速性從而成為社會的不穩定因素，對家庭、婚姻及整個社會帶來了巨大的不利影響。

· **影響家庭的穩定**：婚姻是在愛情的基礎上建立起來的新的情感與經濟生活方式的統一體，它是人類繁衍的方式，以它為基礎而形成的家庭是人類組成穩定社會的形式。在結婚後建立的家庭裡，人們不僅得到肉慾的愛，還希望能獲

得心靈上的愛，為此，只有建立在情與慾基礎上的婚姻才是真正的婚姻，牢固的婚姻，那樣的家庭才能和睦長存。

而閃婚卻缺少婚姻形成的兩個必要的條件：一個是愛情，它是婚姻之所以能成功的感情基礎；另一個是兩個人之間的互相了解，及雙方在生活方式和心態上的相似性。缺少婚姻形成的必要條件的閃婚，注定難以形成穩固的婚姻和家庭生活，從而對社會秩序和穩定造成一定的影響。

- **導致離婚的增多**：閃婚一族，注重的只是一時相悅的情感，而忽略、甚至放棄的則是婚後雙方對責任的承擔。由於現代年輕男女特有的生理和心理特點，社會道德觀念不高，追求自我價值的實現，使得他們在對待一些現象和選擇時比較容易受非理性的影響，看問題容易片面，婚姻觀念比較淡薄，對戀愛和婚姻缺乏全面的完整的了解。

- 於是閃婚的結果，一方面是導致社會責任感淡漠，使個人主義和自由主義等思想在社會中蔓延和發展，對建構和諧社會產生威脅；另一方面是增加社會的離婚率。如果不合適就分開，快結快離，互不拖累。由閃結到閃離所形成的惡性循環，不僅會導致道德倫理的缺失殆盡，甚至會影響下一代的健康成長。

第四章　對婚姻難題的心理掌握

避免閃婚的方法

　　婚姻是以感情為基礎締結的一種法律契約，而感情的培養顯然不是一朝一夕的事情。俗話說：十年修得同船渡，百年修得共枕眠。可見，兩人要在一起實現「執子之手，與子偕老」的誓言，不是一件簡單的事，它需要足夠的時間去修煉。而對於閃婚族來說，時間恰恰是他們忽略的要素，後悔當初的衝動，往往是閃婚常見的結局。為此，建議女性應該自覺遠離閃婚，不讓自己的人生製造悲劇，具體避免的方法如下。

- **增強對愛的理性認識**：婚姻既是浪漫的，也是現實的，鮮花、燭光、紅酒只是婚姻的一個側面，它給人更多的是柴、米、油、鹽，說白了，婚姻，是實實在在的生活。當愛情走向婚姻時，我們就必須慎重理性地思考，運用自己的理性來理智地對待婚姻。因此，自我的理性能力的培養，是抵制不健康婚姻觀念及行為，形成正確的婚姻觀念及行為的一個重要的內在因素。

- **加強日常人際的溝通**：對於那些只是因為無聊、孤獨、寂寞而想選擇「閃婚」的女性，加強日常人際溝通是必要的。因為剝奪溝通對人的心理損害是極其嚴重的。而人際溝通對於個人的心理健康卻有著極為重要的影響，溝通是人類最基本的社會需求之一，同時也是人們賴以與外界保持聯繫的重要途徑。

透過溝通保證了個人的安全感，增強人與人之間的親密感。人都有歸屬的需求，透過彼此間的相互溝通，可以述說個人的喜怒哀樂，這樣就增進了成員之間的思想、情感的溝通，產生依戀之情。

總之，婚姻的成功和穩定，需要感性、理性雙軌發展，愛情列車才能行駛得穩定持久。草率行事，是對自己、家人和當事人雙方及其家人的不負責任的表現。為此，年輕女性一定要好好控制住自己，不要因為一時的衝動而釀成可悲的後果！

貼心小提示

無論閃婚現象是如何的前衛，如何的與眾不同，但最終決定婚姻狀況的，仍然是您自己，為了以後您的婚姻幸福，當您在選擇自己的婚姻前，一定要思考好以下問題。

一是您必須認定目前婚姻是不可或缺的人生價值。

二是必須可以為此首先付出。

三是必須擁有促使對方適當互動的能力。

一般說來，這三點都是要靠婚後的長期實踐和夫妻衝突中逐漸形成的，否則，您很可能不僅難於與目前的配偶過好婚姻生活，而且根本就不適於跟任何人結婚。

第四節　婚外情是婚姻生活的定時炸彈

婚外情是指已婚者與配偶之外的人發生曖昧的情感。這是違背傳統道德觀念，違背社會公德的，對個人、家庭和社會都有極大的危害。婚外情既是一個十分讓人頭疼的家庭問題，也是一個嚴重的社會問題。

婚外情一般處於隱蔽狀態，是婚姻生活的定時炸彈，它的最後發展方向：一種是發展為婚姻關係，另一種是家破人亡，人財兩空。為此，當婚姻有這方面的問題時，一定要小心對待。

了解婚外情的表現

研究顯示，婚外情與主體的自身心理素質、婚姻境遇、社會氛圍條件有關，常見的情況有以下幾種。

- **舊情復燃**：當事人對現實婚姻不滿意，進而與舊日的戀人、知己或好友產生婚外戀情。
- **情意分散**：夫妻雙方在理想追求、生活情趣等方面缺乏共同語言，或婚後感情交流不足，導致另尋知音而發生的婚外戀情。
- **尋求安慰**：夫妻兩地分居或一方對另一方的冷漠、虐待等原因，使深感孤獨、失落和屈辱的一方從婚外異性身上尋求撫慰和滿足，因而發生婚外戀情。
- **感恩回報**：多見於已婚女性因圖報異性對自己的幫助、搭

救之恩，混淆友情與戀情界限而產生的婚外戀情。

- **崇拜敬慕**：多見於女性，是對婚外異性的才華、魅力由敬慕到愛慕，進而發生婚外戀情。

- **報復心理**：當配偶一方愛情轉移，另一方為取得心理的暫時平衡或報復對方而與婚外異性交往，進而產生婚外戀情。

認識婚外情的原因

心理學上從部分案例進行分析所得出來的結論顯示，女性婚外戀的形成原因主要有以下幾種。

（1）迷戀心理

女性大多把愛情當做人生的主旋律，她們也只有在對情人動心真愛的前提下才會嘗試婚外戀，並在熱戀中輕信心上人的承諾，從而痴迷地投入自己的全部精力。

她們不顧事業前程，即使在自己的夙願已成黃粱一夢時仍苦苦地等待、美好地遐想。

（2）補償心理

女性往往很難把性和情相分離，她們不像男子那樣沒有愛也可消遣，沒有情也可獲得性快感，而只有在自己的感情需求獲得滿足時才願意付出性，並達到性情相融、靈肉合一。

她們在與情人凝聚力與日俱增的同時，與丈夫的關係則每況愈下，以至日益無法忍受「身在曹營心在漢」的煎熬，因此

第四章　對婚姻難題的心理掌握

只有早日了斷這令人難堪的多角戀糾葛，才能解除精神和肉體上撕裂般的痛苦。

（3）報復心理

與婚外異性過從甚密，常會受到丈夫當眾羞辱、粗暴毆打或性虐待。即使一些女性有悔過意向，丈夫也往往因強烈的占有慾和嫉恨心而難以再對其建立起信任感，有的還對妻子的時間安排、人際交往、興趣愛好等做了苛刻限制，使妻子的自尊心嚴重受損，終因無法忍受丈夫的猜忌、疏離和報復行為而起訴離異。

還有些妻子原先只是對婚外異性有好感和正常交往，但丈夫採取的過激行為反而使其與婚外異性更加親近，並毅然與丈夫分手。

對婚外情更執著、專一，也更投入的女性，在這美麗的陷阱中往往跌落得更深，也受到更多的傷害。

她們的付出總得不到預期回報，在瞬間的甜蜜和幸福之後，常伴隨著沮喪和酸澀，因此，反思和徹悟對於她們尤為必要。

倘若女性能對兩性婚外戀的心理差異有所了解，並對自己「想要什麼」和「能得到什麼」是否吻合作出理性判斷的話，或許在臨近婚外戀地雷區時會更小心謹慎。

消除婚外情的對策

婚外情作為一種感情糾葛，它的出現是由很多複雜因素構成的，但無論怎樣，都是插足於他人家庭的不道德的行為。

既傷害夫妻雙方的感情，也損害外遇者的人格；既破壞家庭和睦，也對子女帶來心靈創傷，還汙染社會風氣，帶來不安定的因素。

要走出這種心理障礙的失誤，應注意以下幾點。

- **提高道德意識**：婚外情是當今社會中的一個較普遍現象，大多數人對婚外戀持否定和反對態度。

  婚姻和家庭作為夫妻共建的小巢，是一個封閉系統。維繫這個系統的愛情是自私的，也是排他的。如果夫妻的某一方把愛同時奉獻給兩個異性，那麼就必然造成愛情天平的傾斜。

  這種愛，是以踐踏伴侶的愛為代價的，或許有人故意隱瞞自己的外遇，回到家強作歡顏，然而，「紙裡包不住火」，最終仍不免暴露於光天化日之下。

  因此，有婚外情意向的女性不要放縱自己的感情，要加強道德情操和對家庭、對子女的責任感及義務感的修養，做到風雨同舟，患難與共。只要家庭大堤不出現隙漏，任何洪水也是沖不垮的。

第四章　對婚姻難題的心理掌握

- **分析利害因素**：婚外情這種熱情行為原本就是短期的。它雖然以情為表象，但其核心卻以性滿足為指歸。一旦失去新鮮的性刺激，就會因失去興趣而疏遠，而終結。

  有的婚外情女性，初始階段如乾柴烈火，後來花樣用盡，覺得只不過就是如此，再無重續的興趣。即使有的與情人結了婚，在熱情冷卻後往往又陷於婚姻的圍城之中。

  據說，一位事業成功的男士因外遇與妻子打了 8 年的離婚大戰，可與情人結婚不到 1 年就大打出手。曾經以生死相許的情侶，為什麼進入婚姻的殿堂就成了冤家？這主要是因為偷情帶來的刺激和溫情因結婚而消失。

  好像是從虛無飄渺的天堂回到了人間，鍋碗瓢盆的實際生活又發現對方許多不能容忍的缺點，頗有追悔莫及之嘆；特別是因羨慕對方的錢、權、勢而結合的外遇者，在對方失去了羨慕的東西後，大失所望，熱情就隨之退潮，最終導致婚姻大廈的傾頹。因此，想要向婚外情發展的女性要注意自己行為的利害，「苦海無邊，回頭是岸」！

- **保持頭腦清醒**：女性在面對丈夫外遇時，應保持清醒、冷靜的頭腦。當發現外遇就在自己的身邊，該如何處理呢？

  有的女人一旦抓住了丈夫外遇的把柄，就大吵大鬧，不但在家裡吵，到丈夫的公司鬧，還向丈夫的親戚、朋友打電話，似乎是不把丈夫搞臭絕不罷休。這樣做，不僅弄得丈夫威信掃地，處境尷尬，而且還會造成婚姻的破裂。

為此，當女性發現丈夫有了外遇後，不能吵鬧、打架，而應該極力控制住自己的憤怒情緒，冷靜地反思自己的不足，耐心地關心、體貼對方，並從家庭的責任的角度和對方溝通，分析外遇的危害及惡劣影響，使原本愧疚和悔恨的伴侶回心轉意，斬斷婚外情絲，以實際行動來修補愛情的裂痕。

當然，對於那些一意孤行，置道德與法律及家庭於不顧的外遇者，在仁至義盡之餘，訴諸法律，各奔前程也是一種必要的選擇。

貼心小提示

如果您發現自己的丈夫有婚外情的跡象，可以採取如下方法進行處理：

一是冷靜下來，分析一下到底事情是如何發生的？他們兩個人的關係有多緊密？彼此之間的推力與吸引力如何等。

您要明白，一哭二鬧三上吊不一定有用，反而使丈夫與您越來越疏遠。若是哭能使他愧疚，當然不妨用哭取勝。不過問題是哭多了不僅沒有實際效用，而且可能會產生反作用，所以建議您千萬別採用此下策。

二是千萬不要輕言放棄婚姻，或有成人之美的打算。不要忘了婚姻若是放棄，日後最不幸的不是丈夫，而是您。輕言離婚，受害最大的是您們的孩子，並且您日後還會有數不盡的唏噓與孤寂。

為此，您絕不能輕易放棄婚姻，您要讓第三者知道他們未來是沒有希望的。這樣他們日後無法結婚，並能使之成為他們爭吵的因素。

三是不要到處哭訴。因為讓更多的人知道丈夫的「醜聞」會使丈夫覺得沒有臉見人，更沒有臺階下，回頭的機會便相對的減少了。

四是最好選擇以退為進，學習包容、寬恕，這樣能使丈夫有「愧疚感」，覺得對不起您，不敢再傷害您。

五是不要對丈夫有報復行為，因為這樣不僅問題不能解決，您們兩人的關係會更加惡化，到時候只會讓您得不償失。

六是不要在孩子面前吵。要知道，在您們的婚姻中，孩子是最無辜的受害者。

您們吵架最常見的現象是用物質利益來收買孩子，希望孩子站到自己的那邊。

如此一來，孩子不但學會了威脅大人以取得物質利益，心理上也會有兩邊受包抄的感覺，最嚴重的後果還會造成孩子的困惑、自卑及無所適從，造成孩子心理不平衡，所以當您們發生爭吵的時候，應避免孩子介入。

第五節　消除中年期婚姻的困惑

有道是：「人到中年知酸甜。」婚姻到了人的中年期，會進入一個「疲軟期」，因為這段時期相對於戀愛時的纏綿來說，熱情會明顯地減少，加之中年期的壓力最大、負擔最重，所以

這段時候暗藏的激流對婚姻是最大的考驗。

　　心理學認為，中年期的愛情，是以後婚姻走向的真正的標誌，稍不在意，就會親手埋葬已有的婚姻。因此，女性應該高度重視中年期面對的婚姻困惑。

了解中年婚姻危機的原因

　　近年來，中年人離婚率高的問題日益突出。

　　究其原因，很多夫婦的婚姻其實早已經破裂，但是為了孩子有個相對平靜的環境成長，夫妻雙方往往選擇了暫時維繫婚姻，等到孩子能獨立生活才離婚。那麼，到底是什麼原因使這麼多的中年夫婦走上離婚的道路呢？經過分析，普遍存在以下因素。

（1）過多欲望

　　夫妻間進入中年，有一種要將未完成的事情做圓滿的本能心理，沒有得到的總覺得是最好的。即使以為已經忘記，彷彿不再想起，可是一旦遇到合適的條件，壓抑在潛意識裡的欲望就會復活，驅使人設法滿足心願。

　　而實際上，即使自己心願滿足了也不一定能心安，因為對理想中的人往往期望值過高，相處時間長了，許多被熱情掩蓋的問題就有可能出現，新的遺憾又會開始。

第四章　對婚姻難題的心理掌握

（2）無端猜疑

　　進入中年的女性對配偶缺乏安全感，猜忌、焦慮就會出現。對配偶缺乏安全感的原因有很多，有的是因為雙方的社會和經濟地位差距拉大，使其中的一方變得不自信，因而有了壓力；有的是因為一方生活重心有所轉移，把工作、生活熱情更多地投向外部，使另一方感覺到被忽視，因而「先下手為強」；還有的可能得追溯至童年，是童年時就掩蔽在心中的一些事情沒化解所形成的心理障礙。

　　善猜疑的人不相信自己像他人一樣有魅力，當他失去了心理的自我防護，內心害怕失去對方的顧慮就轉化為攻擊的力量。

（3）缺少性愛

　　中年人的身體機能逐漸衰退，容貌轉變，精力消減，感覺青春不再，自我形象也會降低。尤其女性要適應更年期荷爾蒙的變化，對身體和情緒的多方影響，有些人會因此失去對性事的興趣。

　　而男性雖然並無類似生理因素造成的情緒反應，卻也要經歷中年的重新評估期，不但心理時鐘被攪亂了，也同時會發現自己的排泄和生殖器官開始產生各種毛病，影響他們在性事上有力不從心的感覺。夫妻雙方在性關係上未如以往一般親密歡愉，感情也可能因此會淡化疏離。

（4）交流較少

夫妻有了孩子後，無論是生活重心還是情感重心都很容易偏向孩子，導致夫妻雙方的情感交流越來越少，以致重新回到兩人世界後，大眼瞪小眼，才驚覺雙方不知不覺中已經成了熟悉的陌生人。

（5）事業壓力

中年人在社會上努力工作多年，可能已爬升到較高的職位，但是責任越大，所要付出的時間和心力就越多。為了保持業績卓越，追趕日新月異的科技知識，唯有犧牲與家人建立關係的機會，甚至賠上婚姻家庭。

若遇上經濟不景氣，許多資深薪高的雇員，會先被辭退，使他們在工作上缺乏安全感。就算是一些事業有成的男性，或一直擔任家庭主婦的女性，又會對穩定而公式化的工作失去興趣，想在下半場的人生另創高峰。

這些在掙扎浮沉，承受沉重壓力的中年人，若未能適當疏導情緒，就很容易把怨怒發洩在配偶身上，對婚姻造成負面的影響。

（6）外來感情

現代社會的文化崇尚自由開放，許多傳統價值或道德規範都被否定，大膽的情色誘惑充斥於各種傳媒之中，一夜情或婚外情已十分普遍，許多單身者主動與已婚男女交往調情。

第四章　對婚姻難題的心理掌握

　　而經濟全球化的發展，又推使不少中年人往海外各地出差，經常離家獨處，中年夫妻要保持抗拒試探的能力並不容易。若此時中年夫妻的婚姻關係本就不穩固，感情空虛脆弱，不滿足於和配偶單調乏味的性關係，又想證實自己的魅力猶在，就更容易墮進罪惡的陷阱，放棄自己對婚姻的忠誠。

戰勝中年婚姻危機的方法

　　「中年婚姻之癢」成了許多人人生中必經的一道檻，找到適當的戰勝方法，就能順利突破走上幸福之路。

- **情感宣洩**：人到中年，工作壓力大、生活負擔重，心理問題往往比較突出。如果中年人情感宣洩途徑不當，容易影響夫妻間的感情。向人傾訴是情感宣洩的常見方式。如果丈夫向妻子傾訴工作中的煩惱，妻子表現得漫不經心、不屑一顧，丈夫情感上產生的壓抑很容易演變為夫妻間的爭吵。為此，當丈夫心情不好時，女性應該用心地傾聽他的煩惱。

- **勸說化解**：中年婚姻中，女人應該自尊、自愛，注意自我保養以及提高修養。當夫妻一方的生活規律或行為方式出現異常時，另一方要儘早查找原因，採取勸說的方法，在矛盾和問題還在萌芽狀態時就處理好。在自己感情衝動的時候，採取冷處理的辦法可能效果更好。

- **及時溝通**：夫妻間保持有效的溝通是很重要的。首先要尊重對方、認真傾聽，然後充分表達自己真實的感覺和想

法。面對分歧時，少抱怨、指責和命令，尤其不討論誰對誰錯，這是雙方化解矛盾的前提。

· **給予自由**：夫妻之間也有隱私，別總是翻看對方的手機，不要總是不信任對方，這樣會使對方很傷心。因此，夫妻雙方都應擁有自由的心靈空間。

· **需找熱情**：中年人的婚姻，就像一道檻，「情」的成分在遞減，「伴」的成分在增加。但不少女性沒有意識到，她們只對孩子的功課、美容減肥感興趣，而往往忽視了和丈夫的感情交流。這正是婚姻倦怠的原因所在。遇到這種情況，女性要注意改變自己的認知，轉換一個看問題的角度。這時候自己就會發現其實生活還是那樣的美好。

中年婚姻危機是成年人生命發展階段中，一個正常的過渡時期，雖然危險四伏，使婚姻面臨嚴峻考驗，但若能及早醒覺，預先防備，盡快培養雙方的共同愛好或新的愛好，學會重新安排生活，重修夫妻關係、重建兩人世界的機會，必能轉化這種危機。

貼心小提示

人到中年，諸多的事已不再有發展的可能了，太多的感覺已經疏離了您，但是，中年並不意味著自怨自艾，您的一個重要任務，就是要化解自己的中年危機，這個任務完成得好不好，直接關乎中年的生活品質。在危機到來之前，應該認真

準備，累積經驗和財富；在遭遇危機時，要有勇氣面對，要勇於要求自己，永不放棄。為此，為您介紹以下細節問題。

一是當您的生活出現婚姻危機時，您的頭腦應當冷靜下來，相信辦法總比困難多。

二是先不去考慮在婚姻中您做錯了什麼，而是把注意力集中在過去您做對了什麼。

三是不要採取說髒話、侮辱對方人格等方式，避免激化矛盾。

四是努力去適應對方，而不要強行去改造對方。

五是對方如果主動示好，適當的時候應予以積極回應。

六是對伴侶多一分讚揚，少一分抱怨；多一分理解，少一分苛求。

七是嘗試向自己的家人、朋友或者心理醫生尋求幫助，而不是羞於啟齒。

另外，要記住，改善夫妻關係需要一個過程，不能急於求成。

第六節　客觀看待夫妻之間的衝突

常言道：舌頭和牙齒也有磕碰的時候，情感再好的夫妻，日常生活中也會鬧些矛盾、有些裂痕。

在關係正常的夫妻中，爭吵是一個普遍而又不爭的事實。

俗話說：「天上下雨地上流，夫妻吵架不記仇。」前一句比喻說明夫妻吵架就像天上下雨會流在地上一樣，符合客觀規律；

後一句則是說夫妻吵架沒有根本的利害衝突，是容易和解的。
為此，女性在婚姻中應該正確對待與丈夫的爭吵。

了解產生夫妻衝突的原因

在正常的婚姻生活中，夫妻衝突是最常見的事情，造成這些夫妻爭吵的一般因素有以下幾方面。

- **子女教育**：望子成龍，望女成鳳，是夫妻的共同願望。但對於孩子該以怎樣的教養方式，夫妻之間往往存在著不同的意見，而他們各自都以為自己的做法是正確的，為此，誰也不肯讓誰，當然就會產生矛盾，這成為夫妻爭吵的首要原因。

- **家務分工**：居住在都市的家庭大部分都是上班族，鄉村也是夫妻共同耕作，而工作、勞動之餘料理家務，洗衣做飯就成為不可缺少的事情。

  在長期「男主外、女主內」觀念的影響下「做家事是妻子的事情」這種想法在許多丈夫心中根深蒂固，而身為現代的女性受到新觀念的洗禮，已不再是傳統型的「賢妻良母」，她們要求丈夫分擔家務，但部分丈夫卻依然堅持著大男人主義，於是便形成了矛盾與衝突。

- **財政大權**：家庭中由誰來掌管家中的財政大權，家庭的收入如何分配是家庭中的大問題，而且也是由誰來主宰家庭

的象徵。在生活中，有的丈夫要維持一家之主的地位，要掌握財政大權，而妻子則要求實現平等，要求參與掌管財政的權威，這樣如果調解不當，夫妻間難免又會因此引出許多衝突和矛盾。

- **期待不同**：在普通家庭中，妻子要求丈夫多些體貼和關心，而且事業要有成就，賺錢多，還要多顧家務，這個要求既全面，標準又高，裡外都很有能力，而且溫柔多情。

- 而丈夫對妻子要求則偏於傳統型，溫柔、賢惠、多關心、多體諒、多做家事、多關心父母，工作上也希望妻子求上進。這樣一來，妻子的層次越高，對丈夫的期待也越高，而一旦達不到對方的期望值，夫妻衝突也會不可避免。

- **其他方面**：包括性格、脾氣、愛好、人際交往方面的差異以及性生活不協調等因素，這些也是引起部分夫妻爭吵的原因。

認識夫妻衝突的表現形式

夫妻發生衝突，表現形式多為互不說話、對吵對罵、丈夫打妻子、妻子打丈夫，丈夫摔東西，妻子摔東西，共同摔東西及其他方式。

- **冷戰**：一般說來，都市夫妻衝突的表現方式多採取「冷戰」的方式，互不說話。冷戰的夫妻以國中、高中、專科學歷

層次為主。他們的職業以生產運輸人員、專業人員和辦事人員為多數。從年齡上看，冷戰的夫妻大多是中年夫妻，它反映出中年時期是婚姻中第二個危險期。

- **打架**：通常來說，都市夫妻動手打架的比例不高。專科以下學歷為最多，大學以上的比例很小，它反映出文化修養高的夫妻，民主、平等的意識比較強，夫妻間即使發生衝突，也能以和平的方式加以解決。

而鄉村夫妻矛盾的對抗程度，要比都市激烈。夫妻冷戰的多，對吵對罵的多。妻子打丈夫的多，丈夫打妻子的更多。對抗激烈的鄉村夫妻，主要分布在國中以下學歷層次、家庭經濟條件差的家庭中。這些家庭，貧窮與愚昧使得夫妻之間劍拔弩張、各不相讓。

總的說來，都市夫妻衝突大多採取「文鬥」而不是「武鬥」，這是平等夫妻關係的主要表現，說明都市的許多家庭，正在由傳統型向現代型過渡。

掌握夫妻衝突的處理方法

世界上沒有完美的婚姻，就像我們每個人都不完美一樣。如果沒有這個思想準備，就會對自己的婚姻生活失望，從而引發夫妻衝突，甚至發生危機，直至婚姻破裂。

所以，當女性在婚姻中與丈夫發生衝突後，首先要明白，

第四章　對婚姻難題的心理掌握

夫妻間的衝突並不可怕，關鍵是要善於將這些衝突變為具建設性，使之增進夫妻關係發展，避免破壞性的衝突引發婚姻危機。

（1）強化夫妻的情分意識

夫妻關係雖然是構成下一代血緣關係的基礎，但它沒有血緣關係那樣穩固，它是靠感情來維繫的，感情的深與淺直接關係到夫妻關係的親與疏。夫妻感情如果出現裂痕，正像玉器上的裂痕一樣，怎麼修補也無法完好如初的。

因此，夫妻間一旦因某事發生意見分歧，不要以老子天下第一的架勢，總是以為自己正確，把對方批評得一無是處。即使是事實證明對方對事情處理得不當，也不要逮住理不饒人，喋喋不休地埋怨、責怪對方。

因為每個人都有自尊心，在自己的做法和意見受到責怪、埋怨時，自尊心受到挑戰，自然要為自己辯護。如果一方容不得另一方解釋或辯駁，那就會隨著聲調的提高而使得攻與守的雙方矛盾激化。

特別是在對方不「認輸」時，切不可氣急敗壞地貶損對方的人格，挖苦對方的弱點，以及「陳穀子爛芝麻」地翻舊帳，揭老底，將對方以前的一系列的「失誤」羅列起來進行人身攻擊，甚至將對方的家庭、父母都列入貶損的「觸雷區」。如果這樣做，就會使對方的心理情緒因氣憤而產生反抗心理，在情緒化的爭論中不可避免地點燃了夫妻戰爭的導火線。

為此，夫妻間的爭吵一定要遵循就事論事的原則，從大局出發，顧及夫妻的情分，注意控制自己的心理情緒，適時而退，給自己和對方都留下心理體驗及思考的餘地。

（2）夫妻之戰應不分勝負

夫妻間沒有根本性的利益衝突，他們間的矛盾，除外遇、犯罪等問題外，往往不是原則性問題。即使是對有些事情處理得不當，也很難弄個孰是孰非，水落石出。認識到這一點夫妻爭吵就容易和解。

但也要看到，爭吵恰如在平靜的湖水中投下了一塊石頭，必然打破湖水的平靜一樣，對夫妻關係也會造成不愉快的心理體驗。如果這種心理體驗日積月累，逐漸加深，就會走向反面，最終導致離婚。這並不是一般的夫妻所期望的。

因此，建議丈夫應暫時放棄自己堅持的「立場」，主動「求和」，或者做些家事，或者藉機說話，向對方發出心理暗示，表明自己和好的願望與行動。至於孰是孰非，待得和好、融洽之後再分辨也不遲。那時恐怕相擁一笑泯「前仇」了。對夫妻的這種不分勝負的戰爭來說，付諸行動的和好舉措，比當面道歉更有意義。

（3）盡量保持事件封閉性

夫妻當著孩子爭吵，會對孩子造成恐懼心理和排他心理。對父母吵架孩子不明就理、無所適從，幼小的心靈受到損傷，以後

第四章　對婚姻難題的心理掌握

見到吵架就被嚇得嚎啕大哭或躲躲藏藏；大一些的孩子在父母吵架時常常站在母親的一邊，形成父親的對立面，影響家庭和睦。

有的夫妻爭吵時嗓門很大，唯恐別人聽不到。其實夫妻吵架誰也不想介入，想提高嗓門爭取正義或外援都是不現實的。這樣做把家庭矛盾擴大化，還傷害夫妻的自尊心，影響自身的形象。

（4）適度爭吵對生活有利

在我們的身邊，和諧融洽、從未爭吵過的夫妻並非沒有，只是機率太低。如果在兩人世界有了分歧或矛盾，或者丈夫委曲求全，或者妻子逆來順受，都屬於不健康心理，也都反映出夫妻間沒有建立起真誠、平等、融洽的愛情關係。

這往往是由於雙方在地位、文化、經濟等方面有著懸殊的差距，一方在另一方面前覺得自慚形穢，無理由與之平起平坐；或者在對方的壓力下，為求得家庭的安全與平靜，不敢與對方爭吵。在這種不健康心理的支配下，雖夫妻沒有爭吵，但都陷於隱性的心理錯位，籠罩著婚姻危機的陰影。

為此，對於正常的夫妻來說，當他們出現意見分歧時，坦誠地堅持自己的意見，甚至進行一定的爭吵，不但不會傷害夫妻的感情，反倒能增強夫妻的情分。有對老年夫妻平時愛小爭小吵，而且都以此為樂，後來老頭病故了，沒人跟老太太爭吵，她倒覺得很寂寞。可見夫妻間適度的小爭小吵，乃是夫妻感情生活的調節劑，沒有必要大驚小怪。

貼心小提示

如果夫妻總是為瑣碎小事爭吵，很可能是因為沒有聽到彼此的「弦外之音」，為了證明自己的清白，兩人相互質證，激烈辯論。這當然不是因為罪行令人髮指，罪犯必須繩之於法。實際可能在爭論的是：這個家裡誰說了算，為此，下面再為您介紹一套如何避免衝突的方法，您可以一試。

1. 按兵不動

俗話說：一個巴掌拍不響，但您感覺婚姻中的氣氛不對，對方情緒有些激動，大戰就在眼前時，您可以退後一步，按兵不動。如果此時您們正在餐廳裡或者馬路上，您可以說「讓我們先回家吧」，這招拖延戰術很管用，回家路上這段時間，能讓兩個人平靜下來，恢復理智。到家後，常常會發現剛才爭吵的原因微不足道。

2. 解決「宿怨」

如果同一件小事總是讓您們大動肝火，那麼您們該認真對待了。商量解決辦法之前，您們最好先開誠布公地談一談，說出彼此的真實想法，為了減少誤解，少繞圈子。

3. 互相理解

兩人輪流用自己的話重複一遍對方的觀點，這並不表示您接受了對方的想法，只是為了保證理解無誤。

4. 說服他人

有時父母、親友樂於為您們夫妻出主意、幫倒忙。如果您們夫妻已經達成共識，先祕而不宣，分頭去試探他們的反應，收集他們反對意見，回來兩人共商對策。都準備好了，再正式宣布您們的決定。

另外，習慣性的思考模式常會自動引發爭吵，借助以上方法，相信您們夫妻是可以有效克服掉衝突的習慣的。

第七節　正確對待夫妻分居心理

分居是指夫妻雙方在繼續維持其夫妻關係的情況下，無法共同生活，並各自建立屬於自己生活方式的狀況。我們這裡所指的是因工作、學習等原因而無奈的造成夫妻兩地分居的情形。

長期分居兩地的年輕夫婦，存在著感情、心理以至性生活上的飢餓感，有人特稱此為「分居飢餓症候群」。此時，表現在感情上的孤獨，極需要他人的關心、慰藉；心理上的空虛感，極需要他人的充實；同時還有性生活上的不滿足感。

處於此種狀況下，當另一異性在生活上熱心關懷，體貼入微，殷情之至的時候，容易使孤寂的心靈得到慰藉，也容易在感情上擦出火花，對此女人要理智地予以克服。

了解夫妻兩地分居的危害

隨著時代的進步，由於個人發展的需求，因工作或學業等原因導致兩地分居的夫妻逐漸增多，與過去相比，現在高速發達的資訊社會，電話、網路等聯絡方式和便捷的交通方式減少了異地戀的相思之苦，但不能不說，夫妻兩地分居還是有很多的危害。

· **無法排遣孤獨**：對現代兩地分居的夫妻來說，解決兩人相思之苦最常用方法就是透過視訊電話聊天，但即使網速再快，畫質再好，電話費再便宜，那也只是看到，聽到，摸不到的感覺，關鍵時刻，對方不在身邊，那分失落感只有孤單的人才可體會。

伴侶雙方無伴可依，平時上班忙碌，也許無暇顧及這種感覺，但一到週末、節假日，往往想回家。如果遇到生病，或者工作失意，那種無助感更加強烈。而長期地在路上奔波，把感情寄託在電話與訊息的方式上，在需要對方的時候卻要獨自面對生活，這會令雙方身心疲憊，從而加重這種孤獨感。

· **感情隨之變淡**：長期兩地分居的夫妻，即使每天都通一個電話，但隨著時間一天天的過去，他們談論的話題將會越來越少，到最後可能會發現和對方不再有共同語言。

如在國外工作的女性小王越來越感覺到遠在家鄉的先生大宇慢慢淡出自己的生活圈子裡。一年一次的見面，使小王發現自己很少想起大宇，在電話裡聊的話題日復一日，無非是孩子怎麼樣了，公司裡發生的事，兩個人共同的朋友，如此而已。伴侶變成了最熟悉的陌生人。

· **性愛生活變淡**：性生活也是幸福婚姻不可或缺的一部分。長時間的夫妻分離狀態，人為地阻斷了本能欲求的滿足，

婚姻的內在平衡被打破。而當伴侶不在身旁時，道德約束力一旦鬆懈，夫妻一方極有可能發生婚外情。

懂得夫妻兩地分居的維繫

兩地分居，困難的不是空間的距離，而是心的距離。那麼，女性該如何用自己的心靈來維繫兩地分居呢？女性可以從以下幾個原則做起。

- **互相信任**：充分的信任，是消除分居兩地的夫妻心理障礙的有效之法。為此，處於兩地分居的女性一定要讓信仰和信念支撐著自己。要不時去向對方表達這種信心和信念：雖然現在自己和伴侶不在一起，但現在的生活是為日後美滿的生活而奮鬥的。

  如果當我們沒有了對自己愛情的憧憬，甚至抱著走著看的態度，那只能說是我們的悲哀了。

- **情感交流**：身為分居的夫婦，更應當重視在分居期間的感情交流，一個長途電話，一封熱情洋溢的信，及時地分享自己的情況，表達自己的思念，關心對方的身體、工作和生活，都有助於減輕配偶和自己的不平衡心理。

- **有效溝通**：夫妻間分隔兩地最怕賭氣和誤解，長時間的賭氣和誤解，會讓兩人感情淡漠，還有可能會讓挖牆角者乘虛而入，為此，夫妻在婚姻中凡事要說清楚，該認錯就認錯。生氣了，我們就要說出對方具體哪點做得不好，自己

不喜歡這種方式，對方下次可能就有所收斂了；但是我們如果賭氣說「我不管你了，你也別管我」、「我不知道還會不會喜歡別人」之類的話，猜想只能打擊對方的信心，造成不愉快的氣氛。

- **嚴格自律**：責任是夫妻雙方要對自己的家庭共同承擔的義務。現代社會的生活方式給予我們的誘惑太多了，如果缺乏自律，失去了責任的約束，任由內心的各種私慾膨脹，那麼欲望泛濫的結果就是愛情的枯萎、婚姻的死亡。

  為此，夫妻分居兩地時，女性不僅要有責任心，而且要嚴格自律，注意檢點自己的行為，在自己的工作職位上不要對別的異性表現出過分的熱情，以免被人誤解，帶來不必要的麻煩。

- **豐富生活**：分居兩地的夫妻要注意打造豐富健康的自我生活。丈夫不在家的日子裡，女性如果有朋友相約、家人相伴，再加上一些自己的興趣愛好，如看書、聽音樂、花點心思打點家務，生活充實了心裡的孤單感會少很多。

- **經常相聚**：與丈夫分居兩地時，女性一定要盡可能地多創造一些見面的機會，尤其是節日或一些特別的日子，如生日、結婚紀念日等，最好能安排時間相聚。

- 如果我們很少去看望伴侶或者每次見面都匆匆忙忙、漫不經心，那麼不管以前我們的愛是多麼強烈，但總有一天都會分手的。畢竟，柏拉圖式的愛情在現在的社會很難存活。

第四章　對婚姻難題的心理掌握

· **保持熱情**：俗話說「小別勝新婚」，夫妻間兩地分居後的
短暫相逢定會讓彼此情意綿綿，為此，女性可以使用現代
流行的新鮮玩意來增加異地戀情的品質。

閒暇之餘，女性給伴侶一點驚喜，比如網路上送個小卡
片，為對方訂個小禮物，或者不吝投資，勤打電話等，努
力營造浪漫。

社交軟體用到爛熟，掌握最新的網路知識，幸福的、甜蜜
的、傷心的、關心的，心裡話積極與另一半分享，讓科技
發展的速度及時跟上感情的變化。

一封不期而至的情書，一個紀念日裡千挑萬選的禮物，一
次沒有約定的突然出現，在對方最需要的時候，出現在他
面前。或許這些東西在當時看來是小動作，但是日後回憶
的話，它的餘味遠遠大於其本身。

我們應該明白，婚姻是一門大學問，需要我們一輩子去學
習去經營，這考驗著夫妻的智慧，也考驗著夫妻的感情。

貼心小提示

夫妻之間濃郁的愛情，產生於兩個人忘情地投入，分別後牽
腸掛肚的思念，來源於平日裡雙方細語如絲的纏纏綿綿。從
這個意義上講，防止分居時期婚外戀情的發生，最重要的是
您們雙方平時的刻意追求和努力。

為此，您還要學會換位思考，並存一顆感恩的心。如當您淋

著雨打電話給他，那邊卻沒有人接聽，或者「喂」過一聲之後說：「明天再打來吧，我現在正在應酬呢！」，或者您一封電子郵件沒有馬上得到回應，您不要馬上就猜忌起來。這時候您要多替對方想一想：是不是他有什麼事？也許他真的是忙於工作。當您學會設身處地的為對方著想，您們之間才會生活的更加和諧。

第八節　正確看待離婚的問題

離婚是指夫妻雙方透過協議或訴訟的方式解除婚姻關係，終止夫妻間權利和義務的法律行為。當今，離婚雖然已經不再像過去那樣令人談虎色變了，但是離婚會對夫妻雙方，尤其是女方帶來一定的影響和心理創傷，這是不爭的事實。

面對離婚，女人們不論其痛苦程度如何，一般都會由心理因素導致生理上的變化，如睡眠不佳，記憶力和工作效率下降，免疫力降低，易發生身心疾病等等。

為此，女性應該正確看待自己的離婚問題。

了解造成離婚的原因

離婚是一種對婚姻無可奈何的做法，夫妻雙方及子女都要付出沉重的代價。那麼，是什麼導致了現代夫妻感情的破裂呢？從心理學的視角來看，鬧離婚是夫妻心理期望錯位的必然。期望是一種心理活動，是對未來發展的主觀設計與猜想。

第四章　對婚姻難題的心理掌握

　　準備結婚的男女心理上都會有相當的期望，而在婚後或長或短的日子裡，生活現實與心理期望不能合拍，心理上就會產生厭倦、失望情緒，喪失對婚姻的信心，導致離婚。

　　具體地說，有的夫妻雖是自願結合，但因婚前缺乏深入了解，婚後又沒有注意雙方關係的調適，感到缺乏共同語言，經常出現口角，最終因現實生活與心理期望的錯位而感情破裂；也有的因夫妻的心理錯位，矛盾日漸突出，一方為尋找精神寄託和心理慰藉而涉足外遇，破壞了夫妻間的凝聚力，從而使對方無法忍受，不再維持婚姻關係；有的因夫妻一方發生某種變故，如出國定居、坐牢，或因夫妻間的私生活不協調，如性慾亢進、無能，背離了原本對婚姻生活的理解和期望，造成家庭悲劇的不可避免。

　　這些因夫妻心理錯位導致的「感情破裂」，有著非常複雜的結構，必須針對具體的婚姻矛盾進行具體的分析。

認識離婚的心理問題

　　絕大多數離婚者離婚後，其心情總是很沮喪，情緒低沉、傷感，這無關性別，他們表現出憤恨、不滿、自卑、看破紅塵等各式各樣的消極心理。同時，面對周圍人的非議和白眼，他們會感到孤獨、無奈和憤憤不平。

　　對於心思緊密、敏感多慮的女性來說，這種挫敗感對心理健康造成的傷害更甚。很多離婚女性都對周圍交頭接耳、背後

指指點點弄得精力憔悴，使得她們對前途、對人生充滿了悲觀和絕望，一般來說，對女性造成的心理問題有以下幾種。

- **自卑**：由於社會對離婚的傳統偏見，現代還有一些人對離婚不問青紅皂白，他們習慣將一切罪名強加給離婚的女性。即使女性是離婚的受害者，也常被周圍的人指指點點，甚至遭到冷嘲熱諷，致使離婚女人的自尊心受挫、聲譽下降，一時抬不起頭來，背上「低人一等」的自卑自賤的沉重心理包袱。

- **孤獨**：雖然離婚解決了眼前婚姻生活的矛盾衝突，可能獲得暫時的安定感。但是，過去形成的家庭人際關係一旦崩潰，對女性來說，失去群體生活，無論如何都要產生淒涼、孤獨的感覺。

  據一項心理調查發現，儘管離婚者 5 對中有 4 對在離婚前實際上已經分居了，可是到了真正離婚後精神上的痛苦才達到頂點，並且，以後常為不安和寂寞所困擾。

- **失落**：一般來說，女性在決定離婚之前，已有一段漫長的、痛苦的、艱難的思索過程。可是，離婚後女性的一系列社會心理需求得不到滿足，如失去了家庭成員之間的愛撫、柔情、溫存，因而極易產生失落感，往往由此導致心理變態而逃避人生和背叛人生。

  當然，離婚女性心理壓力的大小，因事因人而異。相比之

第四章　對婚姻難題的心理掌握

下，那些對丈夫原來懷有好感，並深信自己在婚姻生活的各個方面都安排得很好的女性，離婚造成的心理創傷和痛苦最大；而那些對丈夫的行為已經無法容忍而自己提出離婚的女性，則痛苦較小。

儘管離婚女性的痛苦可以隨著歲月的流逝逐漸淡薄，但這種不愉快的體驗對有些人來說終身難以磨滅，特別是有孩子的女性，往往會產生更為棘手的後遺症。

掌握離婚後的心理調適

在離婚率非常高的現代，婚姻失敗是一種正常的現象，因此，女性必須正確對待離婚，並注意離婚後的心理調適。

· **改變環境**：對離婚女性來說，如果周圍的人文環境，對自己的離婚表示出的「好奇」讓自己很不舒服，或者現在居住的房子裡有太多傷心的回憶的話，那麼不妨嘗試讓自己遠離這些傷心和是非之地。

· **尋求支援**：交談是保持心理健康的祕訣之一，為此，在自己內心感到苦惱、哀怨時，離婚的女性可以向自己的親朋好友訴說，相信自己的知心朋友是最好是心理醫生，他們的勸說、安慰、鼓勵都是醫治自己心理上的最好良藥。

· 同時，如果自己有寫作的愛好，女性還可以把這些煩惱寫在紙上，或者分享到網路上，得到其他人的幫助，使自己

很快走出離婚的痛苦。

· **轉移注意力**：在離婚後的短時間內可以將自己的主要精力用於工作和學習中去，暫時遺忘眼前的不愉快，使心情趨於好轉。還可以透過讀幾本好書，一方面吸取書中的精神力量，另一方面也可從書中學到很多有用的知識。但是不要去讀那些不健康或者對社會和人生充滿悲觀失望情緒的書，這樣的話，將會使自己更加悲觀。

· **加強社交**：很多離婚女性都有自卑感，認為離婚是件不光彩的事，因此常常採取迴避的態度。這種做法是不可取的，因為當自己靜下來時，總會東想西想，為此，建議女性可以把業餘生活安排得緊湊一些，多參加一些社交活動，充實的生活可以幫助自己恢復常態。

· **投身事業**：俗話說「情場失意，賭場得意」，當然，我們這裡說的「賭場」是自己的事業，為此，離婚的女性與其總是痛苦和心煩中徘徊，不如一門心思地將身心都投入到自己的事業中去，當自己的事業取得成功的時候，一切的不愉快就都將隨之消失。

貼心小提示

不可否認，離婚肯定會對您造成一定的打擊的，但是不同性格的人對離婚後的表現各不相同，為此，您可以根據自己的個性進行妥善處理。

第四章　對婚姻難題的心理掌握

您若是一個性格偏激的人，遇事容易衝動，脾氣暴躁。一旦遇到離婚問題，可能會經常詛咒前夫，還希望周圍的人一起來恨自己的前夫。這樣做表面上看是想讓那個離開您的負心人後悔，其實是自己在後悔。建議您不要拿自己的錯誤來懲罰別人，不然到最後痛苦的還是您自己。

您若是容易憂鬱的人，喜歡縝密的思考，愛把自己的問題無限制地擴大，甚至覺得根本沒有解決問題的希望，一旦離婚，便對生活失去信心，想到生或死的問題，而不是考慮如何好好生活。建議您要正確認識婚姻出現的問題，坦然面對，重新進入新的生活。

您若是依賴性強的人，對任何事情都喜歡借助他人的力量來幫助解決，不相信自己的能力，只習慣於被人照顧和安排。一旦離了婚，就不知道如何面對具體生活，進而後悔離婚。建議您改變自己的觀念，透過自己的努力，把這種依附於他人的思想轉變為依靠自己，這樣做雖然有點苦，但很短暫，熬過了這段時間，您就會發現，其實一個人過，也可以活得很好。

您若是沒有事業的人，一結婚就辭去了工作，做了全職太太。並在居家的那段時光裡，不僅耗去自己的青春，還把原有的那些知識和技能都忘掉了。一旦離婚，首先擔心的就是自己的生存問題。為此，建議您用事業彌補離婚的創傷，尤其是受到婚姻傷害的女性，更需要有自己的事業。調整好心態，相信自己的能力，事業才是您唯一能夠依靠的東西。

第九節　懂得克服再婚心理的障礙

再婚就是再次結婚，是離婚夫婦或者喪偶夫婦重新組成家庭的過程。這些人由於經歷過心靈創傷和傳統道德觀念和生活習慣的影響，所以在他們心中往往會存在著種種心理障礙。

因此，婚姻心理學研究認為，重新穿上結婚禮服的人，特別是對一向處事謹慎小心的女性來說，必須防範再婚中可能產生的「心理障礙」，這樣才能增進感情，從而獲得幸福美滿的婚姻。

了解再婚心理障礙的原因

有關統計資料顯示，再婚家庭的離婚率比初婚家庭要高很多，其原因是多方面的，總的來說，這都與他們再婚的心理障礙有關，這些障礙主要是以下原因造成的。

- **過度比較**：再婚夫妻最容易犯的一個毛病，便是用原配偶的優點與現配偶的缺點相比較，事事挑剔，處處不滿。這就會傷害對方的感情，也使自己對重建的家庭失望，導致婚姻的再度破裂。

- **喜歡懷舊**：多見於再婚前夫妻感情深厚，一方因病或意外事件而亡故的再婚者。這類再婚女性在再婚後時常流露出對前婚配偶的懷念之情，而這種懷舊心理最易引起再婚中對方的痛苦。所以，再婚者在再婚後必須從感情上面對現實以增強防範懷舊心理。

第四章　對婚姻難題的心理掌握

- **喜歡嫉妒**：許多再婚者常嫉妒或計較對方的前婚生活，不時地揭其隱私、捅傷疤，褻瀆對方人格，挫傷對方自尊心，日久必將影響雙方的感情。因此，再婚夫妻必須防範嫉妒心理，特別是性愛型嫉妒。重視對方的心理貞操，珍惜對方愛的感情，撫慰對方飽受創傷的心靈，才能使兩顆心緊緊地結合在一起。

- **盲目報復**：不少被動離婚者，對前配偶心懷怨恨，在重新選擇對象時只要求外貌或某些方面超過前配偶，達到報復的目的。由於這種選擇常有盲目性，不講感情基礎，非但無法使自己的心理得到平衡，而且也使再婚後家庭基礎也不穩固。

  因此，這類女性最重要的是反思一下自己，重新評價一下自己在過去家庭中的表現，找出前婚的失誤，並不斷地完善充實自己，這才有助於在新組合的家庭中當好稱職的角色，從而，提高婚姻的品質。

- **興趣習慣**：一般說來，女性在第一次婚姻中可能已經形成了各自的興趣、愛好和生活習慣，再婚後相互之間一時不能適應，特別是性生活習慣，如果互相不去了解和熟悉對方的欲望、要求和技巧，很可能導致性生活的不和諧，引起雙方的不滿。

  所以，再婚夫妻應當主動適應對方的習慣，尋找一個能照顧到雙方習慣的折中解決辦法。

- **子女問題**：初婚家庭的子女用血緣這條固有紐帶，把父母黏合在一起，而再婚家庭的子女因無血緣關係，容易滋生矛盾而有離間的可能，易使各自父母產生自私心理偏袒自己子女。其實，血緣無法完全超越後天的感情，關鍵是再婚後雙方要以高尚的道德情操，大度博愛的胸懷，處理好與繼子女的關係，如果視對方的孩子如自己的親生兒女，甚至更勝一籌，那就可以大大縮短再婚夫妻的心理距離。

- **戒備心理**：再婚夫妻雙方都有一些過去家庭中的財物，鑒於前次婚姻的破裂，常會產生戒備心理，實行經濟封鎖、分心眼、留後手、鬧獨立，這會使現實家庭名存實亡。其實，既然重建了家庭，就應該毫無保留地共同使用一切財物，這樣才能增進夫妻感情。

克服再婚心理障礙的方法

再婚後出現一些心理障礙，引起不少心理衝突，這是正常現象。再婚女性不必為此背上沉重的包袱，而應以積極的心態去尋求各種心理調適方法，盡可能地減輕乃至消除再婚後的各種心理障礙，主要應從以下幾方面入手：

（1）要有磨合的心理準備

中年女性再婚的選擇是有限的，雖說不排除與初婚者結合，但絕大多數是與失偶或喪偶者結合，而且這些失偶或喪偶

第四章　對婚姻難題的心理掌握

者還有著未婚女性的可選擇機會。這樣，離異中年女性的選擇就相應地降低了。

面對這種現實，女性在擇偶時應減少像女孩那樣的感性介入，而應多從理性思考入手。年齡差距、經濟條件、職業職務都不應作為首選的目標，要著重考察磨合的基礎如何。

再婚的雙方一般都有過嚴重刺激感情的經歷，在心理上留有不同程度的烙痕，而一個人在長期的生活方式的影響下，一些厭惡或迴避的事情，也會留下敏感的投影。這樣在第一次婚姻中形成的生活習慣、心理積澱，再婚後相互間一時不能適應，因此再婚雙方就應樹立足夠的寬容精神，彼此磨合，互相協調，培養新的習慣。

其實，磨合的過程就是夫妻間心理和感情的互動過程。古人說：「敬人者，人恆敬之。」這就是人際關係互動的真諦。夫妻關係要互相尊敬、互相愛慕、互相信任、互相幫助、互相安慰、互相勉勵、互相謙讓、互相體諒。

再婚夫妻屬於「半路夫妻老來伴」，做到這以上的互相更為重要。可以說，這些都做到了，夫妻的感情和生活習慣的磨合就不在話下。

（2）不要懷有報復的心理

失偶或喪偶的再婚夫妻，每當發生口角或爭吵時，常常流露出對前婚配偶的懷念情緒，將原配的優點與現配偶的缺點相

比，覺得自己走錯了路，悔之不迭。這不僅讓自己平添許多苦痛，而且還會危及再婚夫妻的感情。

其實，對失去的自己鍾情的配偶的懷念是抹不去的，但在再婚之後，就應面對現實，不要因新配偶的不足而苦惱、悲傷，而挑剔、怨尤。一般來說，再婚夫妻的雙方，誰也別想誰改變誰，聰明的辦法是接納、寬容、適應和靠攏，重建新的恩恩愛愛的夫妻關係。

還有的欲再婚者在選擇對象時，在外貌、職業、職務等方面以超過前配偶為起點，目的是向前配偶示威，報復對方，以期達到心理的平衡。這是很危險的，出於這種報復目的，在擇偶時有可能顧此失彼，挑選了芝麻，丟了西瓜，對夫妻感情帶來更大的危機。

（3）樹立坦誠的無私心理

再婚家庭往往涉及繼子女的問題。如果繼父母能夠理解繼子女的心理，並以高尚的道德情操，博愛的襟懷，秉公無私地端平「一碗水」，是完全可以用感情的熱力融化家庭冰霜的。

從繼子女的心理來看，他們對親生的父或母，懷有一種親情，而對繼父或繼母總有一種疏離感，需要一個熟悉、了解的過程。而在這個過程中，繼父或繼母的一方，應採取積極主動的態度，以最大的努力來給予繼子女如同親生父母般的愛，這就會使他們淡化或消除戒備心理。

第四章　對婚姻難題的心理掌握

如若處理不好，不僅繼父母或繼子女間的關係逐漸冰點化，還會拉大夫妻間的感情距離。反之，如果把繼子女視若己出，甚至更勝一籌，在這種坦誠無私的家庭氣氛中，即使有不和諧的音符也會被感化為動聽的樂曲的。

貼心小提示

雖然再婚不可避免地會經受各式各樣的問題和矛盾，但只要您能夠以愛情為基礎建立新的婚姻關係，並切實按照以下的細節來協調與新任丈夫的關係，就能重返愛情的伊甸園，使再婚的酒也是甜的。

一是對於重新組織的家庭要實際一些，不要太理想化。對於女人而言，再婚以後，無非是希望從家庭中得到愛和關懷以及更多資源。但是，相愛和相處是兩件事。所以，再婚前您不要帶著一種神話心態，對婚姻有不切實際的期望。要明白，適應婚姻生活已經不容易，若是再婚，挑戰就更大。

二是再婚前，最好應有充分的思想準備，詳細了解對方的全面情況，對即將面臨的「麻煩」，做到心中有數。權衡一下，看看自己是否經受得起，承受得了。必要時，可在婚前與對方商討一些應付、處理、解決「麻煩」事的辦法、措施，提些雙方都可接受、合情合理的條件。一旦邁出了再婚這一步，只要做到心中有數，有準備，即使遇到了「麻煩」，也不會措手不及，後悔不迭，而能夠從容應付，坦然處之。

三是對於孩子的教養必須達成共識。對於孩子的教養您要盡力與新老公達成共識：在新婚初期，子女管教宜由生父母施行，身為繼父母則以朋友、導師的角色介入，建立互信關係、行為準則及賞罰標準後，方可實行共同管教。

同時，您要懂得對繼子女進行感情投資，為他們創造寬鬆的學習和生活環境，盡可能地引導孩子減輕心理上的負擔，讓他們感受到有了新爸爸或新媽媽後不但沒有失去原來的愛，還多了一分溫暖，才能保證孩子身心的健康發展，才有利於營造出和諧、美滿的家庭氛圍。

四是與他的親友要和睦相處。因為很多人對再婚夫妻都難以理解，會小瞧您，為此，您要學會看開一點，與對方的親友和睦相處。如果別人的看法難以改變，就更要和新任丈夫同心協力，互相鼓勵、扶持，不要因為別人的三言兩語動搖自己的感情。

五是與新任丈夫共同理財。再婚後在開支時要主動與丈夫商量，達成一致，避免因財務問題而影響彼此的感情。

第四章　對婚姻難題的心理掌握

第五章　家庭關係的心理溝通

家庭是社會的細胞，是由一定範圍內的親屬所構成的社會基本組成單位，正是這一個個細胞組成了五彩繽紛的大千世界。

家庭關係的心理狀態和形勢是指以系統觀點為基本立場和出發點，對個體、夫妻和家人在相互關係中，以及在他們活動的廣泛的環境中的情感、思想、和行為進行研究的科學。其目的是幫助我們女人用良好的方法解決家庭中常見的問題，並以良好的心理建構一個充滿親情而和睦的家庭。

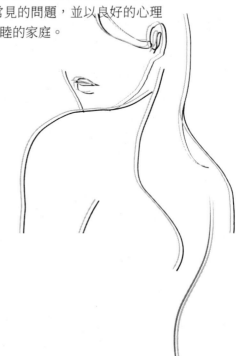

第五章　家庭關係的心理溝通

第一節　母愛是世界上最博大的愛

母愛就是母親對孩子的愛，這是世界上最博大無私的愛。母愛像春雨，傳遞給了大地；母愛像溪水，傳遞給了河流；母愛像友情，傳遞給了知己。母愛講究默默地的付出，卻不求回報。但正是由於母愛是無私的，所以她為孩子帶來的危害也往往是因為「無私」，而培養出一些放蕩任性的白眼狼來。

身為女人，可能總有一天自己會做母親，那麼，該如何才能正確地培養自己的母愛呢？心理學認為，女性應該注意以下方面。

擁有良好的親子關係

由於受長期封建傳統思想的影響，許多母親總把孩子看成是自己的私有財產，父母對兒女可以任意處置，打罵嬌慣全憑自己的意願，很難用平等的態度對待孩子，不是把孩子當成寶貝過分溺愛、處處包辦代替，任其為所欲為；就是對孩子寄予過高的希望，巴不得在孩子身上實現自己的所有的理想和追求，絲毫不顧及孩子的能力；還美其名曰「為了孩子」。

有的母親在理論上也知道孩子有自己的人生，但在實際行動上又完全按照自己的主觀願望來教育孩子，要求孩子完全服從自己，而自己對孩子卻不尊重、不溝通、更談不上相互學習。

要知道，在新時代，母親和子女不僅有血緣上的連繫，更

重要的是一種互相依賴、互相學習、共同進步的社會連繫，親子關係是一種互愛的關係、平等的關係。

母親和兒女之間要培養共同語言、相互溝通，要注重和孩子進行情感上的交流，取得孩子的尊重和信任，主動地了解孩子，如我們知道孩子的興趣愛好、孩子的性格特點、孩子的優勢和孩子的不足，還要能善意地對孩子進行引導、指教。

父母培養子女是社會義務，同時也能享受子女的成功和成才帶來的歡樂，但如果母親一味按照自己的願望去塑造孩子，那麼孩子今後可能跟不上時代發展的需求，缺乏自信和獨立，常常受挫碰壁，家庭的溫馨和快樂也會由此受到影響。

學習必要的育兒知識

大量研究顯示，許多家長對兒童身心和社會性發展的相關知識了解很少，他們非常希望培養出優秀的子女，於是強迫教育、超前教育，巴不得自己的孩子是超常兒童，常常跨越孩子的認識能力水準施加教育，「拔苗助長」，最後害了孩子也苦了家庭。

母親是家庭教育的主要承擔者，在「母愛」驅動下，母親對孩子的更為關注，但如果母親沒有掌握子女身心發展客觀規律的有關知識，那麼可能的結果是「愛之越深，損之越烈」，就如有些孩子的媽媽一樣，犧牲自己的一切換來的卻是永遠的噩夢。

第五章　家庭關係的心理溝通

　　心理學認為，身為母親的女性應當把子女看成是具有獨立人格和自尊的人，孩子有著自己身心發展的規律和特徵，家長不應該把自己的思考方式和意願強加給孩子，應當按照兒童發展、教育的規律進行家庭教育。大人應當愛孩子，鼓勵和支持他們，保護和引導他們，但絕不能代替他們，實際上也代替不了。

　　那麼，該怎樣才能掌握子女身心發展客觀規律的有關知識呢？唯一的方法就是學習，向有經驗的母親學習，向有關專家請教，向有關的書籍學習。

　　關於兒童教育方面的書籍、報刊、雜誌很多，社區、學校也經常會有專門的課程，身為母親要主動參與這些學習，從中獲得孩子在各個不同年齡階段成長的規律的知識，結合自己孩子的實際情況，不斷調整自己的認知和行為，適應孩子發展的節奏。

不斷提高自身的素養

　　母愛是情感的投入，是自覺的行為。但情感和行為都是受思想支配的，而個體的思想又取決於個體的認識、知識結構、價值觀念、行為準則等多方面，所以當母親的女性要真正施與母愛，就要對自己提出一個很高的要求。

　　為什麼這樣說呢？因為孩子有很強的模仿能力，他們長期生活在父母的身邊，就會自覺不自覺地模仿父母的一言一行，

尤其母親對孩子早期的影響更大。所以，女性要想教育出優秀的孩子，自己應當首先端正和淨化自身的精神境界。

要想讓孩子有禮貌，母親就不可口出汙言垢語和舉止粗俗；要讓孩子愛學習好讀書，母親就不能不看書讀報，更不能在麻將和撲克桌上通宵達旦；要想讓孩子身心健康成長，母親首先要從自我做起，自尊、自重、自愛，並也要在「德、智、體、群、美」等方面不斷完善自己，不斷提高自己為人父母的本領和素養，要有遠見、識時務、嚴以律己、身體力行，努力使自己處處成為孩子的榜樣。

除了榜樣的作用，提高母親的自身素養還有一個重要的影響，即提高家庭教育的品質。家庭教育是孩子的啟蒙教育，家庭教育的成功與否直接影響孩子的成長。高素養的母親懂得兒童身心發展的規律、掌握相應的教育方法，能隨時觀察孩子身心發展和變化的情況，及時給予適當的關心、輔導，幫助孩子度過一個個難關，順利成長。

母愛很普通，每個人都感受過母愛；母愛很崇高，它是母親心血和生命的精華；母愛很複雜，匯集著天性、本能、意識、希望、行動；母愛很有影響力，成也母愛敗也母愛。為了使我們的孩子獲得更多的成功，身為新時期的現代女性要樹立正確的母愛觀念，學習正確的母愛知識。

第五章　家庭關係的心理溝通

貼心小提示

當了母親的女性應該明白，真正的母愛是放下自己去愛孩子，具體到行動中就是，首先您要保證給孩子無條件的愛。今天您愛他，不在乎明天他學習好不好。現在您愛他，不在乎未來有什麼回報。

其次，允許您的孩子是一個獨立的生命，他應該是他自己。當一個獨立的生命在生長的時候，媽媽會在旁邊欣賞他、觀察他，但是並不參與其中，不要讓他按照媽媽的意志去改變。

如果您能夠做到這兩個方面，那麼，您就已經是個了不起的媽媽了！

第二節　將不聽話的孩子正確引入軌道

每個父母可能都深有體會，當孩子長到一定的年齡之後，稍不如意就大發脾氣，父母經常被孩子鬧得頭暈腦漲，感到束手無策。於是，這些不聽話的孩子，成了父母共同的心病。

孩子不聽話的表現很多，輕的表現為孩子對父母的管教不聞不理，重的表現為和父母頂嘴，嚴重的可能會發生直接的激烈衝突。

造成孩子不聽話的原因有很多，但其中最重要的一個教育方法問題。許多家長沒有掌握好教育子女的限度，不是鬆，就是嚴。鬆，導致放任自流，到後來管也管不了；嚴，則又打又罵，直接傷害孩子心靈。由此可見，孩子不聽話，不服管教，

大多是由父母導致的。為此，已身為母親的女性，應該掌握一定的引導方法，並善於將不聽話的孩子正確地引入軌道。

了解不聽話孩子的表現

　　孩子的行為習慣和語言顯然來自家人的言傳。家有孩子不聽話，父母要先檢討自己的教育方式和日常行為，及時糾正，這樣才能把孩子引入一個正確的成長軌道。下列是孩子常見的一些不聽話行為的表現。

· **頂嘴**：不少家長發現，當孩子長到兩三歲時，經常會蹦出幾句惹人捧腹的話。可當自己為此興奮不已時，很快卻會發現，越來越多的時候，自己讓孩子去做什麼事，他順口就說出一個字「不」，也就是說，孩子開始學會頂嘴了。孩子愛頂嘴，常被父母看做是不聽話的表現。其實，有時候頂嘴正是孩子獨立思考和特別個性的表達。為此，身為母親，應當分清孩子在什麼時候才是真的頂嘴，什麼時候是個性自我的表達。

· **無理取鬧**：當孩子從不懂事的寶寶逐漸長大，他自己開始有了「主見」，當父母逐漸減少和他們身體上的接觸時，他們會以無理取鬧等方式引起家人注意。孩子無理取鬧，是讓父母很頭痛的一種不聽話行為。但是有時候，無理取鬧也是孩子與眾不同或者創造力的表達。

因此，面對孩子的「無理取鬧」，母親一定要有耐心和愛心，不能一概抹殺，有時還應適當鼓勵孩子來「無理取鬧」。

· **貪玩**：每個孩子都喜歡玩。玩，本是孩子的天性。不過，很多孩子玩得過分，玩得沉迷，這就有害而無益了。貪玩是需要父母慎重對待的孩子的「不聽話」行為之一。

孩子貪玩，是最不聽話的行為，能引起孩子一系列的其他問題。管住了孩子貪玩，就等於堵住孩子其他問題的根源。

· **不服管**：孩子不服管教是一種很惡劣的行為，不僅僅是向父母權威的挑戰，更會激化矛盾，造成家庭不和。但很多時候，「不服管教」只是父母眼裡單方面的定義，之所以把孩子看做「不服管教」是因為孩子屢屢忤逆大人的意願，而大人卻往往忽視了孩子真正的需求或心聲。

因此，面對不服管教的孩子，身為母親，一定要謹慎應付，適當處理。

改變不聽話孩子的方法

身為父母，總希望孩子能夠聽自己的話，但這樣做往往容易造成孩子在性格上的依賴，對任何事情都不去思考，沒有判斷力，對孩子的成長貽害匪淺。

其實，每個人都有自己的思想，大人如此，小孩也一樣。當父母對孩子發出指令時，如果孩子認為大人的指令不正確，

或不一定正確，或不明確時，便有可能不執行，這也就出現了孩子不聽話的現象。

那麼，身為這類孩子的家長，該怎樣幫助孩子健康成長呢？從兒童心理學來講，孩子太聽話或者太叛逆，都是不正常的。所以說，孩子的培養，關鍵在於掌握一個「範圍」，為此，建議母親們應該從以下細節去處理。

- **要尊重孩子**：把孩子看做獨特的個體，不要把孩子看做控制的對象，允許孩子在探索的過程中犯錯，幫助孩子矯正錯誤，這樣孩子自然就會與你合作。

  孩子情感和行為的獨立是孩子長大、成熟的標誌，並不意味著孩子與你作對，非要不聽你的話。

- **要給予自由**：允許孩子有自己的選擇，鍛鍊孩子自主選擇的能力，不要從小就要求孩子長大後實現大人未完成的心願，這其實是一件很殘酷的事。

  要允許孩子與成人有不同的意見，允許孩子與自己爭論。讓孩子參與家庭或學校裡的重大事情的決策，這是對孩子價值的認可，孩子會覺得父母尊重他的存在，那麼，他也會重視父母的建議，久而久之，孩子就會凡事與你溝通、充分與你合作。

- **要相信孩子**：母親應該相信孩子能處理好自己的事情，如果妳經常說：「你可以的，我相信你的能力。」無疑會鼓勵

孩子去嘗試，但在嘗試的過程中，母親要給孩子提出合理的建議並加以指導，孩子會很重視妳的建議，合作關係自然形成。

· **要培養自控**：要讓孩子學會控制自己的行為。母親要幫助孩子建立「是非」觀念，讓孩子明白什麼是可以做的，什麼是不可以做的，在孩子腦子裡逐漸建立一個行為判斷標準，孩子按照這個標準，才能意識到自己的行為是否正確，才能學會控制自我。

總之，孩子無論出於什麼原因不聽話，身為母親都要牢記，我們的目的是幫助孩子認識到自己的錯誤，從而改正錯誤，而不是施展我們的權威，讓孩子必須聽我們的。弄明白孩子不聽話的原因，從原因上找對策，找出有針對性的解決方法，從而制訂出合理的糾正方案，最終往往能收到事半功倍的教育效果。

貼心小提示

每個孩子都有自己不同的氣質和個性，與生性活潑、叛逆的孩子不同，有的孩子天生就文靜、聽話、乖巧。身為這類孩子的母親，您如果不注意，可能會使他們太內向、太順從、太嬌氣，缺乏獨立意識和探索能力。

那麼身為這類孩子的家長，您該怎樣幫助孩子健康成長呢？

首先，要允許個性存在，不要強求改變他。特別是在孩子剛

開始學習生活本領時，確實需要大人的照顧和幫助，您一定
要及時幫他們解決問題，不能只考慮為了鍛鍊孩子，而不顧
及他們現有能力而讓他們自己去做，長此以往又會使孩子形
成焦慮型人格。

其次，隨著孩子年齡的成長，您可以有意識地透過環境影響
孩子，使之成為一個既聽話又講道理、既文靜又活潑、既乖
巧又有獨立性的孩子。

不過，這種理想的狀態需要長時間的培養，您不能太著急，
太過著急也得不到好的效果。

第三節　調皮是孩子的天性

調皮孩子是指在集體生活中經常表現出精力旺盛、活動量
大、注意力分散、自制力差，喜歡惡作劇，常有攻擊性和破壞
性行為的孩子。

孩子的調皮常常會讓大人們頭疼不已，氣急敗壞。其實調
皮是孩子的天性，貴在教育與引導。某作家曾說過：「淘氣的男
孩是好的，調皮的女孩是巧的。」她滿懷著對孩子們的摯愛，
寄語孩子父母和教師要正確看待「淘氣」和「調皮」。身為母
親，我們也應該認真地對待孩子的調皮。

第五章　家庭關係的心理溝通

了解孩子調皮的原因

　　調皮是孩子的天性，一般說來，孩子調皮的原因有家庭的教育和自身的影響。

* **家庭教育不當**：通常我們家長教養孩子的方式有四種類型，如權威型、專斷型、放縱型、忽視型。其中，造成孩子調皮的較重要的因素有以下幾種。

　　A. 專斷型的教養方式。持這種態度的家長往往把孩子看成是自己的私有財產，常常要求孩子無條件的遵循有關規則，不給孩子發表自己看法的機會，對孩子違反規則的行為表示憤怒，甚至採用嚴厲的懲罰措施。生活在這種「暴君式」環境下的孩子，其心理受到了壓抑，產生了怨氣，到了學校，其他孩子往往就成了他們的「出氣筒」，在學校的表現就非常調皮。

　　B. 放縱型的教養方式。持這種態度的家長往往把孩子看成是光宗耀祖的希望。他們無原則的滿足孩子的各種要求，對孩子的不良行為也不加以控制和糾正，讓孩子為所欲為。這樣的孩子在幼兒園常表現出較高的衝動性和攻擊性，而且缺乏責任感，不太順從，行為也缺乏自制。

C. 忽視型的教養方式。持這種教養態度的家長，
對孩子既缺乏愛的情感，又缺少行為的要求和
控制。孩子的行為得不到及時的反饋，這就造
成了幼兒不知是非和正誤的毛病。在幼兒園裡
則常表現出好奇、好動、好問、不守紀律等特
徵。

· **自身條件影響**：孩子的生長發育需要「調皮」。學齡前兒
童生長發育很快，生長需要運動，運動幫助生長。孩子的很
多調皮現象，都是這種幫助生長的運動的外部表現。從這個
意義上講，「調皮」就成了孩子的天性，孩子需要運動，
又缺乏經驗，這一對矛盾就成了孩子「調皮」的本質。

教育調皮孩子的方法

「調皮」是一些孩子氣質類型的外部表現。氣質是表現在
人的情感認識活動和語言行動中的比較穩定的動力特徵。常見
的氣質類型有膽汁質、多血質、黏液質、憂鬱質四種。

不同的氣質類型在心理上有不同的表現，這四種氣質類型
中，膽汁質興奮性較強，多血質靈活性較強，屬這兩種氣質的
幼兒可能就成了天生的「調皮兒童」。身為母親，應該了解孩
子調皮是可愛的表現，正確的引導他們身心健康地成長。

第五章　家庭關係的心理溝通

- **用欣賞眼光去看待**：調皮的孩子是璞玉，父母雕琢他們的最好工具不是懲罰說教，而是學會傾聽他們來自天性的聲音。每個孩子都渴望被尊重和賞識，調皮的孩子也一樣。所以，家長需要學會用欣賞的眼光去看待調皮孩子，以便發現他們身上的優點和長處，只有充分了解他們，才有可能去正確引導和幫扶他們。

  其實，有出息的孩子不是學出來的，而是「長」出來的。怎樣「長」是個嚴肅的問題，家長的作用至關重要。

- **多給孩子一份關愛**：愛是幼兒心理健康發展的重要條件。實踐證明，被成人厭棄的幼兒，常自暴自棄，形成自卑或反抗心理。比如，有些調皮孩子，他們喜歡搗亂，活動時常打打鬧鬧，這往往是由於我們對他付出的愛及關注不夠，他們中有的想透過搗亂、打架來引起我們的關注，獲得我們的愛。因此，對於調皮兒童，家長不應該吝嗇自己的語言和表情，而要透過多種形式，向他們表示我們的愛。即使只是一個會心的微笑、一句關心的話語、幾下親切的撫摸，都會使他們感受到「父母還是愛我的，我應該聽他們的話」。

  儘管孩子年幼，但他們的自尊心很強，尤其是調皮兒童，我們要堅持用一分為二的觀點去看待他們，盡量找出其優點以鼓勵他們進步。

· **提倡人性化的教育**：大人和孩子的觀點難免不同，家長應該換位思考，多站在孩子的角度想一想。當孩子犯錯時，只有讓他真真切切感到很難過、其做法是錯誤的，才能達到教育的效果。家長要與孩子多溝通、多交流，千萬不要採用簡單粗暴的方法去打壓、管教孩子。

沒有一個孩子不調皮搗蛋的，但不能將此作為孩子的缺點，孩子的頑皮之中往往蘊含著創造，它是孩子智慧發展的原始動力。如果每一位家長能正確地對待孩子的頑皮行為，進行指導，那麼，在孩子成長的道路上，在頑皮之中激發和培養孩子的智慧，可能是孩子成才之路上的第一桶金。

貼心小提示

孩子調皮可以說是一種天性，它並不是一件壞事，只要您能很好的去教育，去引導他的調皮，就一定能夠取得好的效果，不過，您在教育指導他的時候，要記住幾個原則：

一是責罵孩子最好控制在一分鐘以內，前 30 秒讓孩子感到痛苦，後 30 秒應該抱著孩子告訴他，您責罵他的原因，告訴他您還是很愛他。

二是當您確實忍受不了孩子的行為時，應該馬上採取行動，不要事後算舊帳，也不要把這事告知不在場的人，一定要給孩子留面子。

三是如果在公共場所教育孩子，一定要控制音量，最好拉到一邊，千萬不要引起圍觀，不然孩子的情緒會很複雜。

四是教育孩子要有技巧，不能隨便打，一定要避免打傷孩子，要不然這件事就成了永遠好不了的傷口了。

五是千萬不能把打孩子當做發洩情緒的途徑，如果越打越生氣，您一定是上了情緒的當，因為那樣是教育不好孩子的。

第四節　不要讓孩子貪玩過度

愛玩是孩子的天性，換句話說，沒有不貪玩的孩子。不過，任何事情都要講究一個限度。超過了就不好了。正如孩子貪玩一樣，如果玩得過分，玩得沉迷，這就有害而無益了。古代有句話叫「玩物喪志」就是這個意思。為此，身為母親的女性絕對不能讓孩子貪玩過度。

了解孩子貪玩的原因

兒童天性好動，大部分健康的孩子都存在貪玩的毛病。對孩子的貪玩，家長不要過分心急，當孩子貪玩影響了正常學習及生活時，我們做家長的則需要進行干預。研究認為，引起孩子貪玩的因素有如下幾個方面：

· **兒童多動症**：這種孩子表現為整天動個不停，但興趣愛好不持久，注意力集中時間不長久，行動沒有計畫性和目的性，做事有頭無尾，無法有效地約束和控制自己。

· **教育不當**：家長由於工作、生活等原因，平時對孩子教育

不夠，孩子整日和其他孩子一起玩耍，無人加以約束和引導，使得孩子沉溺於玩耍。學齡兒童貪玩則與多種原因有關，例如有的孩子缺乏學習興趣，也有的因視力或聽力等問題，因為看不清，聽不懂導致上課做小動作和調皮搗蛋等，這些也往往被教師及家長認為他們是貪玩。

· **飲食因素**：研究發現，兒童飲食與行為之間也存在著某種關係。有的孩子身上似乎有用不完的力氣，這可能與孩子平時多食魚、肉、蛋等高脂肪、高蛋白飲食有關。另外，常喝含興奮性成分的飲料以及多吃人工合成色素類食物及挑食、偏食引起缺鐵性貧血等也可能引起兒童愛玩。

改變貪玩孩子的方法

孩子愛玩並不是壞事，因為在玩中同樣能學習知識，增加才華。因此，我們對孩子的玩不應該一律加以強硬的干涉，而應該區別對待，正確引導，並根據孩子貪玩的原因，對症下藥。

· **培養學習的興趣**：學習興趣是促使孩子自覺學習的原動力，興趣是最好的老師。如果孩子對學習產生濃厚的興趣，他們自然就不會把學習當成苦差事。

我們經常看到，有的孩子對電腦很有興趣，他就願意自覺主動地看許多電腦方面的書籍，貪玩的習性就會有很大的改善。因此，我們應不時地尋找發現孩子的興趣所在，並

加以引導和培養，促進孩子的健康成才。

- **合理嚴格的教育**：學會引導，嚴格教育，注重實效。通俗地講，就是軟硬兼施，重在激勵，「軟」就是啟發、激勵孩子，「硬」就是嚴格教育。嚴格教育不是教條主義，不是管死，而是對正確的、孩子願意做的事情，要抓緊、不放鬆、不打折、不妥協，抓出實效。

- 正確的、孩子願意做的事情，家庭應該進行嚴格管教，這會形成良好的親情關係，而溺愛孩子、放任不管才是造成不良親情關係的重要原因。

- **對潛能的挖掘培養**：挖掘潛能培養某一方面的興趣，這對貪玩孩子的轉變是很重要的。讓孩子逐步學會發現和發展自己的特長和優勢，孩子的知識、能力、情感、意志等某一個方面的長處得到展現，受到肯定，對孩子來說，都是他成長上的一個重要的突破性發展。

  每個孩子都是有特長、有天賦、有潛能的，我們只要留心，總會找到自己孩子的某些天賦和特長，只要加以引導和鼓勵，孩子就會興趣大增，從而轉移注意力，把玩放到次要地位。

- **讓孩子感受成功**：很多孩子不愛學習的原因，多是由於學習總是失敗，考試成績總是不如人。因此，我們要從孩子的實際情況出發，恰當地為孩子確立學習目標，並給以切

實有效的幫助，這樣孩子就能透過努力達到他能夠實現的目標，獲得成功的體驗。成功的體驗又會激勵孩子的繼續努力，使他不斷進步。

- **交愛學習的夥伴**：同齡人之間的影響也是極為重要的。大部分的孩子仿效性極強，只要有一個好的榜樣在身邊，孩子就會產生希望變好的內在動力，逐漸喜歡學習起來。這種同伴的力量有時甚至比父母的說教、打罵更有功效。

另外，身為母親，我們應該明白，自己的言行是孩子最好的榜樣。要使孩子不貪玩，首先我們自己必須愛學習，為孩子努力營造一個良好的學習氛圍。如果我們成天打麻將、看電視、跳舞、應酬，那麼要想孩子「出汙泥而不染」是絕對不可能的！

貼心小提示

孩子貪玩總會惹出一些事情，其實這是孩子還沒有規則意識，或者還不會「沿著道走路」。為此，不妨參考以下方法。

在孩子遇到困難或者問題時，要運用頭腦風暴的方法，鼓勵孩子找尋各種可能的解決問題的辦法，並且在確定所有的方法被找出之前，不得對任何人的方法進行批評。

這種思考方法有利於發展出解決問題的技巧。如果您認為這種創造性的構想可行，則在所有的方法確定出來後，引導孩子評估每一個方法的優點和缺點，並對每一個方法進行總結。

您可以詢問孩子，「你認為哪一個方法對你最有效」，讓孩

子自己做決定。除非情況相當急迫，否則行動的選擇權應由孩子全權處理，因為行為的當事人必須對其行為的後果負責任。行動方法確定後，您應鼓勵孩子：「你願意在這個星期中進行這個計畫嗎？」無論如何，尋求解決辦法所要求的是對行動的肯定承諾。

在商量解決問題的時間之前，您可以與孩子討論計畫實行的情況。如果孩子的計畫沒有成效，您也不要提供自己的建議，而是應該尊重孩子的選擇，是否繼續進行計畫、改變計畫或選擇其他方案。如果在限定時間內，孩子不與您討論計畫的實施情況，您可以晚些時候詢問計畫進展的情形：「你願意談談這件事嗎？」

以此，讓孩子根據自己的意向，來實踐自己的計畫，並解決問題，最終達到讓孩子養成規範的意識。

第五節　正確對待孩子學習問題

每個父母都希望自己的孩子成才，都盡其所能地教育自己的孩子，然而為什麼有的孩子能出類拔萃，而有的孩子卻非常平庸？同樣是孩子，差別為什麼如此之大？

許多事實證明，凡在學習上確有成就的學生和他們良好的閱讀習慣是緊密相連的。所以，身為母親，在孩子學習中指導的重點應是從小培養孩子良好的閱讀習慣，這將會使孩子終身受益。

了解孩子不愛學習的原因

有不少孩子有厭學情緒，甚至有的優等生也不例外。求知是孩子認識世界的基本途徑，而追求快樂又是孩子的天性。若孩子因求知而被剝奪快樂，在痛苦的狀態下學習，就會產生厭學情緒。要改變孩子的厭學情緒，首先要弄清產生厭學情緒的原因，然後才能對症下藥，讓孩子快樂學習。孩子產生厭學情緒的原因主要有：

- **期望過高**：父母的期望過高，會使孩子心理壓力大大增加，不自覺地把學習與痛苦體驗連繫起來。

- **缺乏自覺**：父母陪讀，使孩子缺乏學習自覺性。這會使孩子難以領悟閱讀的過程，難以獨立地解決遇到的新問題，體驗不到獨立解決問題後成功的快樂。

- **認識偏差**：家長對孩子學習的目的定向有偏差，將學習知識的目的定在將來而不是今天。比如家長常對孩子說：「你不好好學習，將來就找不到工作。」這樣，孩子就體驗不到獲取知識本身的快樂，而只注重別人對自己的評價。對知識本身不感興趣，自然將讀書看做是苦差事。

- **不會學習**：這類孩子往往讀書時無法集中注意力，無法把新舊知識連繫起來進行學習；無法選擇重要內容而拋開不重要的內容；無法將學到的知識正確、合理地表達出來。這樣，面對日益繁重的課業內容，自然產生厭學情緒。

第五章　家庭關係的心理溝通

培養孩子學習興趣的方法

　　面對孩子的厭學情緒，身為母親，該如何增強孩子的學習興趣，培養孩子良好的學習習慣呢？心理學認為，女性可以從以下幾個方面入手。

（1）正確看待孩子的學習焦點

　　父母常把學習焦點放在孩子的課業成績上，如考試考了幾分？班上排名多少？如此一來，就是教導孩子，你做的所有一切，都是為了取得這些外在的肯定。如果父母親能教孩子，把學習焦點放在學習的成就感上，感覺就會截然不同了。其中的差別，在於不把孩子跟別人比，孩子只該跟自己比較，多學了一些知識，自己就有所進步，當然值得高興。

　　如此一來，孩子可以從獲得知識當中，得到很大的滿足和成就。這麼做，就會培養出熱愛學習的孩子。為此，培養孩子發自內心的學習熱忱，孩子才能樂於學習而發揮潛力，取得他真正應有的水準。

（2）培養多元化的教育價值觀

　　孩子的學習動機被扼殺的原因之一，是父母親只認為，在學校考試成績良好，才是未來有出息的保證。因此對孩子的學習成績過分在意，而造成孩子過多壓力。

　　然而，美國哈佛大學的心理學教授加德納博士早在 1983 年

就提出了「多元智能理論」。主張要判斷一個孩子是否聰明，應從八大能力來做分析。

前三項是傳統智力因素：一是數學邏輯能力；二是語文能力；三是空間能力；另外這個劃時代的創新理論，還加了五項新的能力指標，來判斷一個孩子是否聰明，其中包括：體能、音樂能力、了解自己的能力、了解別人的能力、理解自然環境的能力。

這一提倡「多元化價值觀」的教育理論，如今影響了世界各地的教育體系。原來一個體能很好的孩子，在校的數學成績若不如其他孩子，以傳統的眼光來看，就不是個聰明而會受重視的孩子。然而按照這個「多元智能理論」，擁有極佳的體能也是一大能力，這個聰明的孩子絕對值得父母親好好栽培。

所以，如果父母能用多元價值的眼光，來看待孩子的學習能力和成果，就會發覺，其實每個小孩都有他的優點，父母親的職責是去發現這些優點，讓它可以熠熠生輝。

(3) 培養孩子的學習彈性

就是要讓孩子永保學習的熱忱，除了先讓孩子真心喜歡上學習之外，還有一個很重要的能力需要培養，就是「學習彈性」。

所謂的「學習彈性」指的是，一個人處理壓力、面對挫折和接受挑戰的能力。具有學習彈性的孩子，能有效地處理學習挫折、不良成績、負面評價以及學習壓力。

貼心小提示

在幫助孩子愛上學習的同時，您還應該做好以下細節。

1. 要誠心：每一個孩子都有自尊心，都想得到尊重和認可。所以我們在和孩子的相處過程中，要真誠的和孩子交心，得到孩子的認可，得到孩子信任，探到孩子內心深處。盡量對孩子全面了解，假如最了解孩子的不是您，那您就不是稱職的媽媽。

2. 要細心：傾聽孩子的每一句話，捕捉孩子每一個動作，發現孩子每一個動向。並且和孩子相處時，要認真考慮自己的言行，身教與言傳並重。

3. 要狠心：為孩子定下的制度計畫要不折不扣的完成。允許孩子犯錯誤，但不允許經常犯同樣的錯誤。一但出現這種情況，不能心慈手軟。

4. 要耐心：小孩子玩性大，自制力差，易反覆。教育孩子不是我們一朝一夕能夠完成的，所以我們一定要有耐心，靜下心來堅持不懈。

5. 要全心：身為家長，奮鬥一生大部分還不是為了孩子，因此，為了孩子的將來，我們要盡可能的多在孩子身上下點功夫。只有全身心地投入到孩子身上，少些應酬，少打麻將，少用手機，多留點時間給孩子，您就會成功的。

第六節　懂得建立融洽的婆媳關係

婆媳指的是丈夫的母親與丈夫的妻子兩者的總稱，是一種人類常見的倫理道德關係。俗話說「丈母娘看女婿，越看越歡喜，老婆婆看兒媳，越看越惹氣」。婆媳關係自古以來就很複雜。隨著新時代的到來，女人的地位不斷升高。婆媳之間的矛盾也在隨之而升級。

在一個家庭中，婆媳之間處好了就是母女的感情，由此家庭就和睦，就會充滿歡樂幸福的氣氛；而婆媳關係處理不好，則會造成家庭關係緊張，情緒低落，破壞家庭的幸福，甚至影響夫妻之間的感情。所以，身為女性要認識到婆媳關係的重要，並善於建立融洽的婆媳關係。

了解婆媳關係的心理類型

婆媳關係可以說是家庭內部人際關係中的一個傳統難題。在漫長的封建社會中，婆媳關係是一種不平等的人際關係，媳婦必須俯首聽命於婆母，沒有獨立、平等的人格尊嚴。「洞房昨夜停紅燭，待曉堂前拜舅姑」，是舊社會做媳婦艱難的生動寫照。同時，「多年的媳婦熬成婆」，從而形成了一種婦女壓迫婦女的惡性循環。

今天，這種婦女壓迫婦女的不良傳統已被新一代的女性所摒棄了。現代家庭中媳婦有獨立的社會政治經濟地位，婆媳關

第五章　家庭關係的心理溝通

係已基本成了一種平等的人際關係；但是同時我們也應看到，即使在今天，相處融洽的婆媳關係也不會太普遍。

從目前婆媳關係的實際狀況來看、主要有三種典型的心理類型。婆媳關係的心理類型不同，其心理效應也不同。

- **心理融洽型**：婆媳思想感情一致，對社會與家庭的一些重大問題的觀念一致。建立與發展團結、民主與幸福的家庭是他們家庭生活的意向。婆婆對媳婦像對自己的親女兒一樣心疼、關懷與愛護，媳婦對婆婆像對自己的親媽媽一樣的尊重與孝順。

  婆媳思想健康、情感融洽、行為協調。婆媳風雨同舟，同心同德。在婆媳一方工作或生活出現困難與挫折時，相互幫助，相互鼓勵。婆媳心理相容，使家庭充滿著和睦與幸福、生氣勃勃與健康向上的心理氣氛，婆媳關係心理相容還促進夫妻感情的鞏固與發展。

- **心理距離型**：婆媳對社會的大目標與家庭目標認識基本一致。婆媳都有建立和睦、民主與團結的家庭的願望。婆婆對媳婦有一定的疼愛與關心，但其程度不如對其親生女兒那樣。媳婦對婆婆也有一定的尊敬與孝順，但其程度不如親生母親那樣。

  概括形象地說，婆媳關係表面上過得去，彼此不近不遠，相互間存有一定的距離和戒心。婆媳之間並非十分信任與

融洽，彼此並非無話不說，說話方式與用詞彼此都有考慮，她們有時會產生猜疑與摩擦，但事情過後一般不留下心理創傷，也較容易恢復平時的關係。在一般情況下婆媳之間的感情還好，但還不是十分舒暢與滿意。

· **心理衝突型**：婆婆看媳婦越看越不順心，經常吹毛求疵，責訓刁難。媳婦對婆婆經常頂撞，以冷眼對待。她們經常因雞毛蒜皮小事而衝突，甚至大動干戈，謾罵鬥毆。

婆媳在心理上充滿著對立情緒，行動上相互干擾。彼此之間心情都很煩躁與苦惱。家庭充滿著不安與憂鬱的心理氣氛。婆媳衝突影響夫妻感情，甚至可能導致夫妻衝突或母子衝突。

認識婆媳關係衝突的原因

從上面的婆媳心理關係中可以看到，心理距離型和心理衝突型的婆媳關係都會影響到家庭的幸福，那麼，是什麼原因造成了這些異常的婆媳關係呢？心理學認為，婆媳關係容易失調的主要原因有如下幾方面。

· **關係的特殊性**：家庭的基本關係有兩種：一是夫妻關係，一是親子關係，兩者構成了家庭結構的基礎。其他關係，如兄弟姐妹關係、姑嫂關係以及婆媳關係、祖孫關係都是在此基礎上派生出來的。

第五章　家庭關係的心理溝通

婆媳關係在家庭人際關係中有其特殊性。它既不是婚姻關係，也無血緣關係，而是以以上兩種關係為仲介結成的特殊關係。因此，這種人際關係一無親子關係所具有的穩定性，二無婚姻關係所具有的密切性，它是由親子關係和夫妻關係的延伸而形成的。

如果處理得好，婆婆和媳婦各自「愛屋及烏」，即婆婆因愛兒子而愛媳婦，媳婦因愛丈夫而愛婆婆，各得其所，關係就會融洽。但是如果處理不好則婆媳之間會出現裂痕，難以彌補。

‧ **發生利益分歧**：婆媳同在一個家庭中生活。有共同的歸屬，自然也就有著共同的經濟利益，雙方也自然都希望家庭興旺發達。這是婆媳利益一致的一面。但同時也常常在家庭事務管理權、支配權等方面發生分歧，出現矛盾，甚至明爭暗鬥。

家庭中有「男治外、女治內」的傳統，婆婆做了幾十年的內當家，現在把權力交給媳婦，媳婦在家庭事務中唱起了主角。對這種角色的轉換，做婆婆的往往不易適應。有的婆婆雖已年過花甲，卻仍希望繼續保持在家庭中的經濟支配權，或者難以接受完全由媳婦掌握家庭經濟大權的事實；而做媳婦的也往往不甘讓步，這就難免發生矛盾。即便是婆婆和媳婦共同持家，由於各自的地位不同，考慮問題的角度不同、需求不同，也容易產生分歧。

- **彼此無法適應**：婆媳原來各自生活在不同的家庭之中，各有自己的生活背景、生活習性，而現在婆媳在一家生活，這就有一個逐步了解、相互適應的過程。如果適應不良，彼此不能接納，便會關係緊張，矛盾叢生。

- **仲介力量失衡**：在婆媳關係中，兒子有著十分重要的仲介作用。兒子的這種仲介作用如果發揮得好，則可以加強婆媳之間的情感維持，反之，則容易成為矛盾的焦點，出現「兩面受敵」的困境。

  但儘管母子情深，也難以避免結婚以後這種關係變得複雜的事實。因為夫妻之間畢竟在活動、規劃、開支以及交往等方面有著更多的共同點。在這些問題上，夫妻觀點的一致性往往要超過母子觀點的一致性。這是因為兒子和母親相隔一代，在心理上存在著差異，這樣就容易造成兒子仲介作用的失衡。如果母親不理解，就會產生「娶了媳婦忘了娘」的心態，誤認為兒子對自己的感情被兒媳奪去了，而遷怒於兒媳。

掌握調節婆媳關係的方法

　　婆媳關係是一種影響家庭和睦的重要關係，它直接關係著我們在家庭中生活得幸福與否，為此，不管是身為婆婆還是身為媳婦的女性都應該互相注意，努力維持好正常的婆媳關係。

第五章　家庭關係的心理溝通

（1）共同樹立信心

在古代，婆媳相處不理想的很多。現實生活中婆媳吵架也屢屢發生。於是，在一些婦女的頭腦中產生了婆媳關係難以處好的觀念。這種觀念動搖了婆媳雙方處理好關係的信心，有意或無意地使婆媳雙方無法全力以赴地去處理好關係。有的女性認為婆媳關係本身就非常不容易相處，再怎麼努力也是白費力氣。

心理學研究認為，即將身為婆婆的女性不僅為兒子結婚而高興，而且要做心理準備，想想如何處理好婆媳關係，要有信心處理好，也應該處理好。退一步說，就是為了兒子也應處理好婆媳關係。

兒子從降生人間到結婚，身為母親的我們不知費了多少心血，但最終的目的還是為了兒子健康成長，生活幸福。為此，身為婆婆的女性要明白，與自己的媳婦處理好關係，就是母親為兒子幸福作出的新的貢獻。

另一方面，即將做媳婦的女性也要做好相關的心理準備，下定決心處理好婆媳關係。因為尊重長者是我們應盡的義務，何況這位長者，又是自己心愛的人的母親，就是看在疼愛伴侶的份上，女性也應該處理好婆媳關係。要知道，身為媳婦的女性，處理好婆媳關係，會為夫妻愛情的深化作出新的奉獻。

（2）彼此平等相待

在我們的社會中，婆媳關係首先是一種夥伴關係，這種關係決定了婆媳之間是平等的。這與舊社會的婆媳關係是不同的。舊社會的婆媳關係是以封建家長制為其社會基礎，以「三綱五常」、「三從四德」為其倫理基礎。從根本上說，婆婆在家庭中對媳婦來講是處於指揮地位的，媳婦在家庭中對婆婆來講是處於從屬地位的。

但新社會的婆媳間應該是一種夥伴式的關係。為此，婆媳之間應該平等相待，互相尊重對方的人格，互相愛護，互相關心，有事共同商量，遇到矛盾各自多自省，婆媳友好和睦相處並不難。

（3）相互尊重諒解

對任何女性來說，尊重婆婆都是媳婦應盡的義務。婆婆是長者又是夥伴，理應尊敬。婆婆過去為自己丈夫的成長操盡心思，現在又為家庭生活與教育孫子孫女辛勤勞動，媳婦要對婆婆懷有感恩之心。

身為媳婦的女性，尊敬婆婆應該表現在各個方面，家裡有事要與婆婆商量，主動徵求婆婆意見，不能事事自己做主，甚至獨斷專行。即使婆婆有的看法與意見不正確或不合自己的心意，也不要打斷她的話，耐心聽完，平心靜氣地解釋，使婆婆體會到媳婦講話合情合理。媳婦下班後要主動做家事，把家事

接過來，請婆婆休息。在生活上要多照顧婆婆，平時做些婆婆喜歡的飯菜，使婆婆感到媳婦心目中有婆婆。婆婆生病更要多加體貼和安慰。

　　同時，身為婆婆的女性要像愛護自己的親生女兒一樣對待媳婦。對媳婦的指點要循循善誘，不要盛氣凌人。身為長者要有長者氣度，胸懷開闊，不要在細枝末節上苛求媳婦。要關心媳婦的工作與學習，使媳婦產生溫暖感。

（4）避免矛盾爭吵

　　當婆媳之間出現了分歧，產生矛盾時，雙方一定要保持冷靜的頭腦。即使一方發脾氣，另一方也應克制自己的情緒反應，等對方情緒平靜之後再商討處理所存在的問題。

　　心理學告訴我們，消極而強烈的情緒容易使人失去理性，導致衝突升級；爭吵還具有「慣性」，即一旦因一點小事「開戰」，日後往往有事便吵，久而久之，成見會越來越大。因此，當一方情緒反應激烈時，另一方應保持冷靜與沉默，或者尋機脫身、迴避等事態平息後再交換意見，處理問題。

　　此外，婆媳雙方平日有了意見，切忌向鄰居、同事或朋友亂講。有這樣一句俗語：「捐東西越捐越少，捎話越捎越多。」說的就是「傳話」在人際關係中的不良作用。婆媳失和，向親朋鄰里訴說，傳來傳去，面目全非，只會加劇矛盾。身為婆媳的女性，應引以為訓。

貼心小提示

對很多的現代女性來說，做別人的兒媳是一件非常困難的事，為此，以下給您一些可以和自己的婆婆愉快相處的建議。

一是同樣的話，丈夫說比自己說效果要好。如求婆婆幫助做些事情，丈夫去和婆婆說要比自己說的效果好。

二是在婆婆家裡，千萬不要指使自己的丈夫做這做那，尤其端茶、倒水之類的活，這種事還是要背著婆婆做為好。

三是不要和婆婆說丈夫的缺點、壞毛病，那樣對「改造」您的丈夫沒有任何幫助，還會引起婆婆的反感。

四是見到婆婆嘴要甜，多說丈夫的優點，讓婆婆感覺她培養了一個優秀的兒子。這是任何一個做母親都高興的事情，她高興對您就有好處。

五是在婆婆家要表現出對丈夫體貼、關愛，讓婆婆放心的把她的兒子交到您手裡。

六是要學會難得糊塗。過日子，沒有舌頭不碰牙的。婆媳之間有些事情過去了就算了，不要總翻舊帳。每個人心裡都有桿秤，只要丈夫心裡明白就可以，畢竟是您和他過日子。

七是在一些節日、婆婆的生日，想著為婆婆買些小禮物，並親自交到她的手裡，才好討她老人家歡心。

總之，俗話說：「不是一家人，不進一家門。」既然是一家人，還有什麼結解不開呢？希望您能夠讓「婆媳大戰」從此「偃旗息鼓」，婆媳能夠冰釋前嫌、和諧共處！

第七節　正確對待病態的潔癖問題

　　潔癖就是太愛乾淨，是一種超出正常衛生概念的病態心理。一個人愛乾淨是好事，但過於注重清潔以至於影響了正常的學習、工作和生活，以及人際交往，就屬於潔癖。潔癖有輕重之分。較輕的潔癖僅僅是一種不良習慣，較嚴重的潔癖則屬於心理疾病。

　　一般說來，女性相對男性而言更容易患強迫潔癖的心理症狀，患有這種心理症狀的女性表現為：主觀上感到有某種不可抗拒的、強迫無奈的觀念、情緒、意向或行為的存在，她們能夠意識到這些都是不應該出現或毫無意義的，但是又從內心湧現出強烈的焦慮和恐懼，非要採取某些行為來安慰自己。為此，女性應該正確對待這類心理疾病，並進行良好的調整。

了解病態潔癖的發病原因

　　潔癖心理很大部分原因來自遺傳，患有這種心理症狀的女性中有七成具有強迫性人格，這是潔癖的內在心理基礎，另外還有一些心理、性格等因素。

· **心理因素**：據研究，大部分患病女性能指出在自己的潔癖症狀加劇前所發生的突發事件。如家庭的搬遷、親人的亡故、父母或自己的離異、性的不協調等。由於上述原因引起的心理緊張、情緒波動都可成為誘發強迫症的原因。

- **性格因素**：患病女性的性格特點在疾病的發生中也有著重要的影響。據研究，大部分患者都有特殊的性格特徵：年輕患者大多數非常愛乾淨、愛整潔，他們是辦事認真、嚴肅的；成人患者一般時間觀念較強，遵守紀律和制度，生活習慣較刻板，遇事過於謹慎、優柔寡斷，不少人還很迷信。這種性格的人在過分強大的壓力下還容易引發神經症。

- **社會因素**：外在的社會心理因素也是一種不可忽視的致病因素。有些女性在強迫性人格的基礎上，逐漸出現潔癖的症狀，特別是當進入青少年時期，生理發育上的明顯變化，與社會交往日益密切過程中的不適應，均可導致症狀的出現和加重。

  還有一些女性是在外界的不良刺激下誘發潔癖，包括長期的精神緊張，如工作和生活環境的變換加重了責任，工作過分緊張，要求過分嚴格，或者處境不順利，常擔心發生意外等；此外還有嚴重的精神創傷，如近親死亡、突然驚嚇、嚴重的意外事故、瀕於災難性的破產等。

- **家庭教育**：家庭教育對誘發或加重女性潔癖有著重要的影響。有些患病女性的父母具有強迫性人格，對她們有潛移默化的影響，女性所受的家庭教育較嚴格、古板、甚至有些冷酷，於是她們謹小慎微、優柔寡斷、過分瑣碎細緻，與人交往中過分古板、固執，缺乏人情味及靈活性。

在生活上，她們也過分強求有規律的作息制度和衛生習慣，一切務求井井有條，稍一改變就焦慮不安。有的家長對孩子的衛生要求過高過嚴，逼著孩子反覆洗手。

這種強烈的暗示作用，對那些具有神經質傾向、敏感內向的孩子影響更大。

掌握病態潔癖的心理療法

女性的病態潔癖心理多以心理治療為主，輔之以藥物治療，具體可採用以下方法。

- **認知療法**：認知療法的關鍵在於教育糾正，糾正是從以下幾個方面出發。
- 第一，找出女性潔癖的原因，用知識消除誤解；
- 第二，讓具有潔癖心理的女性改變思考方式，有計畫，先做主要的事情。
- **領悟療法**：一般而言，具有潔癖心理的女性對自己的強迫潔癖尤其有強迫行為。一方面感到麻煩，希望被人能解除其理性上認為不合理的觀念和行為；另一方面，內心又認為這些觀念和行為有其合理性和必要性。

前者的病態表現，認為反覆洗手、洗衣，費時費力，希望擺脫，後者的病態則認為，有被傳染疾病的可能，有必要多洗幾次。

　　其實，這種態度與其實際年齡及所受的教育很不相稱。前者代表理性的成年人，後者不講邏輯，一味盲目恐懼，具有幼稚的兒童心理特點。

　　這兩者各抒己見，誰也統帥不了誰。但患病女性對這個病理本質特點並無自知之明。為此，若採用談話方式的認知領悟心理療法，啟發患病女性認識外表症狀後面的心理矛盾。揭露兒童心理部分的幼稚性，鼓勵她用成人的態度來統帥其整個行動，放棄兒童的行為模式，領悟到病理本質後是可以治癒的。

貼心小提示

對於有潔癖心理的女性來說，您除了可以透過以上的心理療法治療自己的這種心理疾病，還可以用以下兩種方法進行治療。

1. 第一種是厭惡療法

具體做法是將橡皮筋戴在自己的手腕上，一旦自己即將出現過度潔癖動作或行為時，便用橡皮筋彈自己的手腕數十乃至數百下，一直彈到這種想法消失，有疼痛感為止，從而達到抑制潔癖行為的目的。

2. 第二種是滿灌療法

選擇適當的時間，您獨自坐於房間內，全身放鬆，輕閉雙眼，然後請您的好友或親屬當助手，悄悄在您的手上塗各種液體，如清水、墨水、米湯、油、染料等。在塗時，您應盡量放鬆，而助手則盡力用言語形容手已很髒了，但您仍要盡量忍耐，直至無法忍耐時睜開眼睛看到底有多髒為止。

助手在塗液體時應隨機使用透明液體和不透明液體，隨機使

用清水和其他液體。這樣，當您一睜開眼時，會出現手並不髒，起碼沒有想像的那麼髒的印象，這對自己的想法是一個衝擊，說明「髒」往往更多來自於自己的意念，與實際情況並不相符。

當您發現手確實很髒時，洗手的衝動會大大增強，這時候，治療助手一定要禁止您洗手，這是治療的關鍵。於是，您會感到無比的痛苦，但要努力堅持住，助手在一旁應積極給予鼓勵。

這個方法，每天在您空閒的時候做一次，時間為一個小時，當您漸漸適應自己的心理時，您的潔癖毛病也就隨之消失了。

第八節　有效克服自己的嘮叨毛病

所謂嘮叨是指說話或者寫文章時囉嗦、不簡潔。就現實而言，女人比男人更愛嘮叨，特別是隨著年齡的成長，不少女性嘮叨的頻率也會增多。

嘮叨對被嘮叨者來說是一種不良的心理刺激，其效果往往適得其反，丈夫厭煩，子女叛逆，自己還惹了一肚子氣。過分嘮叨，容易造成和自己丈夫、子女關係疏遠，甚至迴避自己，為此，女性應該正確認識自己的嘮叨心理。

了解嘮叨的表現

　　心理學認為，嘮叨是女性普遍存在著的不遵從理性的個性特質的一種表現，但是男人們不是了解人性的心理學家，也不是寬恕一切的神，所以，男人們很難承受女人的嘮叨，嘮叨很可能成為他們在情感上離開的重要因素。

　　但女人從來不覺得自己嘮叨，於是，男人和女人的戰爭就從嘮叨開始了，這些現象主要表現為：

- **重覆命令**：當女人對男人發號施令得不到回應，就會不斷地重複要求，例如：「你究竟要什麼時候才出發？」
- **關心提醒**：即使是出於善意的提醒，只要不是男人想聽的，也算嘮叨，如「你今天吃藥了嗎？」或者「今天降溫，別忘了多穿衣服。」
- **稱讚他人**：有時女人表達的是對別人言行的欣賞，但如果男人覺得女人話中有話，這也算嘮叨，如「隔壁的老王今年情人節買了名牌包送太太，她得意地向大家炫耀呢！」或者「聽說老吳很會修理電器，東西壞了，他三兩下就能搞定」。
- **分享心事**：最讓女人感到委屈的恐怕就是這一種了，忙了一天好不容易兩個人見到面，跟伴侶說說心裡的想法，才表示我們親密如昔。但男人下了班就想放鬆，安安靜靜地看個報紙就心滿意足，此時女人如果抒發千言萬語，男人就會很受不了。

第五章　家庭關係的心理溝通

其實，對女人來說，這些很普通的話是自己對伴侶的溝通形式，但到了男人耳裡，卻通通變成同一種對「囉唆嘮叨」的定義。

認識嘮叨的原因

在日常的社交活動中，似乎男性更沉默寡言，女性則很容易就能找到話題。研究發現，女性愛嘮叨的主要原因是：

（1）生理基因

研究發現，決定人類語言能力強弱的是一種名為「FOXP2」的語言決定基因。這種基因不僅存在於人類，也存在於人類的一些靈長類近親比如黑猩猩、大猩猩、獼猴等，甚至在鼠類中也有發現。

但是相比這些生物的「FOXP2」基因，人類的「FOXP2」基因胺基酸序列上產生了三處變化，其中兩處變化發生在約 600 萬年前，人類與黑猩猩各自的分支分離以後。

「FOXP2」基因的這種變異明顯改變了相關蛋白質的形態，使得人類的祖先對於嘴和喉嚨肌肉有了更強的控制能力，只是這種變異的效果對於人類的男性和女性而言並不完全一致。

有相關研究對同一個家庭長大的一男一女共 3,000 對龍鳳雙胞胎進行了調查，發現一個普遍的結果是：在 2 歲左右的階段，女孩子的語言能力發展得比男孩要更快一些。這說明了「男性

和女性在早期的語言能力方面是有差異的，而性別對於語言基因的作用顯然是有影響的」。可以這麼說，相對而言，女性更會說話，實在是基因優勢領先一步。

（2）大腦功能

相關部門透過解剖比較正常男性和女性的大腦發現，女性大腦中負責維繫左右部大腦間連繫的胼胝體比男性更為寬大，專門負責語言功能的顳葉腦平面，男性則是左腦更加粗大一些，女性顳葉腦平面則並沒有特別集中在左腦，而是左右相差無幾。

分析認為，這說明在進行語言功能運作的時候，女性的大腦更多地依賴左右腦協調進行工作，比起男性左右腦分工明確，各個區域各司其職的做法，顯然女性更有語言能力方面的優勢。並且由於女性的腦通道更加發達，造成了女性容易喋喋不休。

至於為什麼會出現這種奇怪的不平衡現象，這是因為男女發育的特性對腦部造成了不同的影響。因為在胚胎期時，男性睪丸就會分泌出雄性激素，這些激素會延緩左腦的發育。與此同時，女性分泌的雌性激素則能促進腦的早熟，並幫助控制與語言相關的皮層更早發揮作用，從而在腦功能上就確立了女性語言方面的先天優勢。

（3）進化分歧

　　對於女性的語言優勢，研究發現，從原始社會父系時代的開端，男外女內的風俗形成開始，男人更多地使用肌肉去解決問題，而女性則更多留在家中和孩子以及其他同伴溝通交流，從而演變出如今男性和女性在語言方面的差異。

　　研究還發現，雖然很多男女說同一種語言，但是女性語言中至少包含了 5 種語調，而男性則只有 3 種語調，依靠歷經千萬年進化而來的能力，在一天之內，女性能夠使用一種包括複雜的語調、面部表情、手勢在內的豐富手段，發出多達 2.4 萬個交流信號，而男性每天則最多不過 7,000 至 10,000 個信號，這也就難怪男人們認為女性更愛說話了。

克制嘮叨的方法

　　女性愛嘮叨，對家庭生活增添一份煩惱和苦悶，不安和緊張。試想，哪位母親不希望自己的子女健康成長，生活幸福。哪位妻子不希望自己的丈夫健康幸福。可是愛嘮叨的女性是否曾想過自己的嘮叨造成家庭氣氛的緊張，奪去了子女應有的一份歡樂幸福。

　　同時，像這種情況下，辛勤工作一天的丈夫，多麼希望得到妻子的一份柔情，但是女性的嘮叨送給妳丈夫更多的卻是一份失意。為此，身為愛嘮叨的女性，應該努力克制自己的嘮叨心理。

（1）多充實自己

研究證明，在工作中感到快樂和充實的職業女性很少在家裡嘮叨。這些職業女性沒有時間和精力去嘮叨，她的注意力集中在工作上，因為在工作中她可以獲得很多的讚賞、獎勵和建議。

性感的女人也是不嘮叨的。她們也是擁有力量的，當然與職業女性不同：她們是用性感魅力來征服男人的。她們從來不因為男人把髒衣服扔在地板上而嘮叨，因為她們也會以撩人的動作把衣服扔在地板上。

為此，愛嘮叨的女性應該注意多充實自己，隨時保持忙忙碌碌的，這樣，自己想多說話的機會都沒有了。

（2）該說的才說

女性嘮叨的動機是好的，為了丈夫和孩子。可是嘮叨的效果往往是適得其反，丈夫厭煩，子女叛逆，自己還惹了一肚子氣。這說明嘮叨對自己對他人都產生不良的心理效應，既沒為自己增添幸福，也沒為別人創造幸福，說明嘮叨是不可取的。

為此，愛嘮叨的女性應該多反思嘮叨的危害，該說的事才說，這樣才能走出嘮叨的失誤。

（3）冷靜的思考

不愉快的事情是最容易讓女人嘮叨的，她們總是不厭其煩地訴說著自己的不快和鬱悶。

為此，愛嘮叨的女性在自己的丈夫心情也不好的時候，就不要在他面前嘮叨個沒完，那樣只會引來爭吵。

我們可以想辦法控制自己的情緒，或者把壞情緒透過另外的途徑排解出去等到雙方都冷靜下來時，再把事情拿出來仔細討論，討論的時候應該心平氣和，保持理智，不能使用過激的語言。

（4）換位思考

愛嘮叨的女性應該多想想，如果自己的丈夫經常嘮叨，自己是否也厭煩，自己的子女如果也經常嘮叨的話，自己是否也反感，自己的母親如果也經常嘮叨的話，自己是否也感覺心煩。從這些換位思考，自己就會發現自己實在沒有必要多嘮叨。

（5）溫和的方式

當女性嘮叨丈夫不幫自己買生日禮物的時候，不如向他撒個嬌，嬌嗔地說：「老公，我知道你希望我越來越漂亮，所以，我準備用你錢包裡的錢去買一套化妝品作為你送我的生日禮物，你說好不好？」聽了這樣的話，哪個老公會拒絕呢？

所以，除了嘮叨，女性完全可以使用一些溫和的方法去實現自己的目的。

（6）要有幽默感

以幽默的方式對待發生的事情，會讓自己的心情舒暢。有

的妻子催促丈夫到浴室幫自己送浴巾，丈夫的動作慢了點或沒理睬，她們竟會大動肝火，開始嘮叨丈夫不愛自己，這種情況令人難以想像。

　　生活中，很多事情是沒必要生氣的，但是我們常見一些女人為一些不值一提的小事緊繃著臉，把甜蜜的愛情轉變成相互指責的怨恨。為此，愛嘮叨的女性不如培養自己的幽默感，讓自己每一天都保持心情舒暢。

貼心小提示

在燒毀愛情的一切烈火中，嘮叨是最可怕的一種，就像被毒蛇咬到，絕無生還之望。

那麼，您是不是一個愛嘮叨的女人呢？問問您的丈夫吧！如果他的答案是肯定的，那麼請您理智的對待，為了您們的愛情和婚姻，想辦法讓自己遠離嘮叨吧！其實，想要自己不要嘮叨，最簡單的方法就是不要重複的講話。

比如您提醒丈夫三次以上說他曾經答應過要陪您去散步，而他紋絲不動，說明他根本不想去。那麼，您就住嘴吧，別再重複！因為，嘮叨只會使他下定決心屈服。

第五章　家庭關係的心理溝通

第六章 生活習慣的心理認知

　　良好的生活習慣是一個女人積極心理的表現，也是
從容與優雅的展示。它不僅展現一個人的修養，也
直接關係到人的健康。

　　生活習慣代表著個人的生活方式，而習慣的力量又
是驚人的。習慣能載著妳走向成功，也能將妳導向
失敗。如何選擇，完全取決於自己。所以我們女人
要善於把握良好的心理，培養良好的習慣，如此才
能遊刃有餘地駕馭好美好的生活。

第一節　化妝成癮是一種心理偏差

　　凡事上癮就會變成一種嗜好，嗜好過度就會產生一種心理疾病。正如我們經常可以看到一些頭髮一絲不亂、肌膚吹彈可破、帶著一張精緻「面具」的女性，我們不得不驚嘆於她們的精緻與美麗。但凡事過猶不及，如果每天出門前，都花去大把時間從頭到腳地打扮一番，並不惜耽誤公務或遲到，甚至不化妝就不肯出門，這就會因化妝成癮而帶來許多弊端。

　　心理學認為，表面上看，這些女士是對化妝上癮，對自己的形象要求高，實際上是因為她們的心理出現偏差，具有完美主義傾向，而「化妝成癮」只是這種心理的一個外在表現。為此，女性需要正視自己的化妝問題，由此而消除因化妝成癮而帶來的負面問題。

了解化妝成癮的原因

　　日常生活中，有些女性化妝成癮，每次出門都要化妝，否則就不敢出門。如果沒化妝被家人強行拉出門，她就會感到自己很醜，沒臉見人，認為別人看她的目光都是厭惡的。

　　這些化妝成癮的人群通常都是那些學歷高、身材漂亮的女性，她們通常對自己要求過高，潛意識裡一直在不懈地追求完美，對任何一件與自己有關的哪怕是雞毛蒜皮的小事都一絲不苟，容不得半點馬虎。

社會或生活中的某些不完美常常讓她們感到很失望，因而，她們把注意力轉移到自己身上，竭力想用自己的完美來彌補社會和生活中的不完美，這種心理其實是一種「心理補償」。

認識化妝成癮的危害

研究證明，女性依靠化妝品取得美麗的效果的可行性，是有待商榷的，因為長期使用化妝品，會使女性的皮膚出現很多不良反應。這些不良反應，具體表現在以下幾個方面。

· 有些化妝品裡面有些有害的東西，會引起刺激反應，表現為皮膚發紅，燒灼不適感；

· 過敏反應，這種反映就是使用了幾天以後，皮膚發紅，出現一些小疹子，甚至水腫；

· 可透過皮膚吸收以後進入人體，出現一系列的不良症狀。

那麼，化妝品到底為什麼會引起不良反應？這是因為化妝品的成分裡面有一些特殊的添加劑。化妝品引起中毒或者不良反應的真正元兇是汞、鉛、砷等重金屬類。

我們大家對於汞、鉛、砷的認識的確不夠，妳選擇化妝品的時候，似乎被化妝品美麗的外表吸引了注意力，沒有注意到它真正的本質。另外還有比如防腐劑、色素，一些酶類以及重金屬，都能夠引起不良反應，其中最重要的是重金屬的超標，

這些東西雖然數量不大，但若進入我們的皮膚，就會對身體造成嚴重危害。

克服化妝成癮的方法

從上面的資料我們可以看出，女性化妝成癮有很多危害，為此，為了我們的身心健康，我們要努力擺脫「化妝成癮」的不良習慣，具體方法如下。

· **正面評價自己**：首先對自己的容貌多些正面評價，可以多聽聽別人對自己容貌的直接評價。家人、朋友則應多讚揚其不化妝時容貌的美麗，幫助她們對自己不化妝的容貌建立信心。

· **擁有正確觀念**：充分認識容貌在生活中的地位並不是最主要的，工作、生活的品質並不完全取決於此。最重要的一點是要明白，生活不可能十全十美，要允許事物有缺陷，只要這種缺陷不影響「大局」，就不要過分在意。

總之，要對自己有信心，不要去刻意追求經過雕飾過的東西，生活中的本來面目常常要比那種虛偽的東西好得多。

貼心小提示

如果您難以戒掉化妝的習慣，您在使用化妝品的過程中，要特別注意以下重點。

1. 不用偽劣化妝品：市面上的化妝品種類繁多，琳瑯滿目，

如何挑選安全有效的產品，是每個女性都非常關注的問題，應該防止的是假冒的劣質化妝品。

2. 睡眠前一定卸妝：忙忙碌碌一整天，雖然身體已經相當疲勞，愛美的女性可不能偷懶，更應該學會關愛自己的肌膚，在睡眠之前，一定要記得徹底卸妝。

3. 宜淡擦少擦口紅：很多女性即使不化妝也會塗口紅，口紅的主要成分是羊毛脂，它極容易引起過敏反應，如會使嘴唇黏膜乾裂、剝落。所以，為了健康宜淡擦口紅。

4. 必要時前往醫院檢查：美白有風險，去斑需謹慎，愛漂亮的您一旦發現自己使用的化妝品可能引起中毒，應該立即前往醫院檢查。

第二節　懂得拋棄濃妝豔抹的心理

女人都會有一種愛美的心理，都想自己能夠盡量多一點得到別人的關注。於是在這種心理的驅使下，她們很容易想到化妝，並試圖透過濃妝豔抹來打扮自己。以至於有些女性頭髮染上顏色，或紅或棕或黃或白，辨不清究竟；厚厚堆砌的粉底，濃重或詭祕的眼影，粗而黑的眼線，豔麗的口紅，兩腮的胭脂如同兩團沒有散開的紅泥。

從一定程度說，這種化妝其實已經扭曲了自身的形象，不僅不美，反而像憑空地造出張假臉，顯得既不真實也不和諧而且庸俗。再者，臉上堆砌著過厚的脂粉，皮膚汗腺孔、毛囊皮

脂腺孔受阻，妨礙皮膚呼吸，使人感到不舒膚，還易受到細菌感染而發生癤瘡、皮脂腺炎。長期下去，會引起慢性皮炎，色素沉著，加速皮膚老化。因此，女性需要正確看待濃妝豔抹的心理。

了解濃妝豔抹的產生原因

處於濃妝豔抹心理的女性愛美之心日盛，每天照鏡子時，恨不得讓鏡子說出「妳最美」才罷休。為此，有些年輕女性毫不吝惜地將化妝品往臉上堆，牛仔褲上非得捅個窟窿，裙子短得不能再短，頭髮偏要染得像個五顏六色的冰淇淋等，本來想成為美麗的白雪公主，殊不知，在別人眼裡卻成了妖豔的壞皇后。那麼，究竟這些年輕女性如此打扮的背後，隱藏著怎樣的心理呢？

· **需求叛逆**：研究發現，大多選擇濃妝豔抹的女性是女性時尚圈的一個特殊階層，她們不是像別人那樣，由於害怕別人側目，就把自己打扮得規規矩矩。她們其實就是想表達內心對生活的反叛，追求自由，願意過野性不羈的生活。

· **內心欲望**：裸露和展示的這種風潮，對剛剛成人但並未成熟的女孩的心理影響很大。16 歲至 22 歲的年輕女孩，生理、情緒、思考能力都處於急遽變化的階段，尤其是性意識、自我意識的覺醒和日漸成熟，讓她們對外在形象的感知變得特別敏感，對吸引異性關注的需求也更加強烈。

英國的一項研究發現，許多年輕女孩為了讓自己顯得性感迷人，受到周圍人尤其是異性的關注，便會大膽嘗試暴露的服飾。這些女孩傳達的訊息就是，她們已經是個性成熟的女人了。而外界的裸露和展示之風恰恰迎合了她們內心的願望，便會進一步強化她們過度化妝的行為。

· **彌補不安**：不少年輕女性有意製造新鮮形象，潛意識是想彌補心中不安。心理學分析認為，如果一個人界限感薄弱的話，除了難以感到與他人不同之外，還很難掌控和他人之間該保持多遠的距離。

因而，她們對與別人的交往常懷有不安，對生活也感到不確定。她們為了保持自我安全，就要穿上款式另類，甚至誇張的衣服，人為地跟外界劃清界限，緩解內心的不安。

糾正濃妝豔抹的方法

如果打扮讓人對我們的身分產生不好的聯想，說明我們的裝扮很不合時宜。而且，莎士比亞也曾說過：如果我們沉默不語，衣裳和體態會泄露過去的經歷。因此，無論我們是追求個性，還是追趕潮流，最好還是選擇符合自身年齡、身分的裝束，這樣才能為美麗加分。

（1）擺脫從眾的心理困擾

從眾行為既有積極的一面，也有消極的另一面。對社會上

第六章　生活習慣的心理認知

的一種良好時尚，就要大力宣傳，使人們感到有一種無形的壓力，從而發生從眾行為。如果社會上的一些歪風邪氣、不正之風任其泛濫，也會造成一種壓力，使一些意志薄弱者隨波逐流。

濃妝豔抹心理可以說正是從眾行為的消極作用所帶來的惡化和擴展。如社會上流行吃喝講排場，住房講寬敞，玩樂講高檔的風氣。在生活方式上落伍的人為免遭他人譏諷，便不顧自己客觀實際，盲目任意設計，打腫臉充胖子，弄得勞命傷財，負債累累，這完全是一種自欺欺人的做法。所以我們要本著清醒的頭腦，面對現實，實事求是，從自己的實際狀況出發去處理問題，擺脫從眾心理的負面效應。

（2）調整正確的心理需求

需求是生理的和社會的要求在人腦中的反映，是人活動的基本動力。人有對飲食、休息、睡眠、性等維持有機體和延續種族相關的生理需求，有對交往、勞動、道德、美、認識等社會需求，有對空氣、水、服裝、書籍等的物質需求，有對認識、創造、交際的精神需求。

人的一生就是在不斷滿足需求中度過的。可人畢竟不能等同於動物，馬克思指出：飢餓總是飢餓，但是用刀叉吃熟肉來解除的飢餓不同於用手、指甲和牙齒啃生肉來解除的飢餓。

在某種時期或某種條件下，有些需求是合理的，有些需求是非合理的，對年輕女性來說，對正常營養的要求是合理的，

而不顧實際擺闊的需求就是不合理的。對乾淨整潔、符合自己身分的服裝需求是合理的，而為了趕時髦，過分關注容貌而去濃妝豔抹、穿金戴銀的需求就是不合理的。

　　為此，年輕女性要學會知足常樂，多思所得，以實現自我的心理平衡。

貼心小提示

對於使用化妝品，我還有一個小小的提醒：美女在使用化妝品時一定要注意它的具體操作細節，如在化妝之前要洗淨手，從容器中倒出的化妝品不要再往回倒，某些化妝品在開啟後要在本季節內用完等，以避免化妝品受到汙染。另外，在進行面部按摩時，應遵循正確的按摩手法，避免用力過大，而傷害皮膚。

還有，您在用化妝品前後要特別注意清潔皮膚。上妝前只有將皮膚上的汙垢清除掉，才能使化妝品呈現出應有的作用。否則化妝品直接覆蓋在汙垢表面，使化妝品既不能直接對皮膚產生作用，也使得汙垢持續刺激皮膚。

最後，我再重複一遍，您在入睡前應認真、徹底地卸妝，以便使皮膚在自然狀態下有一個休息的時間。應當指出的是，我們不僅每天該讓皮膚有適當的休息時間，就是在一段時期內也應給它一個自然修整的階段，正如我們每天工作 8 小時，每週還要有星期日一樣，這樣才能保證皮膚的健康。

第六章　生活習慣的心理認知

第三節　規避錯誤的節食心理

　　節食是指在一定時間內不食用任何食物的行為，現在有很多女性都崇尚節食減肥，希望透過這種方法來達到瘦身的美好願望。其實節食有許多講究，它應遵循一定的規律。如果盲目節食對身體是十分有害的。所以現代女性要規避錯誤的節食心理。

了解錯誤節食的危害

　　有些人認為節食或忌食某些食物能增加耐力，加強抗病能力，賦予器官新的活力，延緩衰老和加速減肥。

　　這種說法是缺乏科學依據的錯誤理論，具體說來，錯誤節食有下列危害。

- **將耗盡人體碳水化合物**：如果身體得不到食物，便會轉而尋求血液中的糖，然後是儲存的糖原或體脂。

  在女性節食一天左右以後，碳水化合物耗盡，身體開始將脂肪轉化稱為酮的化合物。

  酮在腎臟中聚積，會增加脫水和減少血容量的危險，最終的結果可能是精神錯亂、記憶力喪失甚至昏迷。節食對有糖尿病、低血壓或胃潰瘍的病人特別危險。

- **將造成代謝率急遽下降**：節食不是減肥的有效方法，多數女性在恢復進食後體重反彈。由於因過激的飲食方式造成的代謝率急遽下降，幾乎不可避免地會導致體重增加。因

此，節食對健康有害，女性朋友千萬不可盲目行之。

- **將嚴重危害身體健康**：節食還會造成低血糖，出現頭暈、乏力等現象。女性長期節食還會造成女性貧血、營養不良，最後導致皮膚乾燥、毛髮枯乾、面部皺紋增多、肢端冰冷、脈象無力、性功能低下、身體抵抗力下降。嚴重的還會出現酮症、高尿酸血症及神經性厭食症等後果。

因此，為了減肥而盲目禁食和節食是不可取的。女性朋友就是要節食，也應在營養專家的指導下進行，以免不測。

避免錯誤節食須知

進入青春期的女性，身體發育加快了，第二性徵也開始發育，變得豐滿起來。這時如果不注意控制飲食和增加運動量，就很容易胖起來。

青春期女性體重如果超過了正常體重的 20%，就應該開始減肥了，如果採用的是節食的減肥，則需要避免錯誤的節食。

- **保持身心健康愉快**：精神愉快，多參加社交活動，既能多消耗熱量，又能忘卻飢餓；反之，如果精神憂鬱，就會不自覺地吃大量的食物，而導致身體發胖。
- **要保證足夠的營養**：青春期的女性要保證足夠的營養、適量的熱量和合理的膳食結構。熱量的攝入不能太多，既要注意各種營養的搭配，又要少吃高脂高熱的食物，如奶油點心、巧克力等。

飲食油膩可以選用一些健康的天然花草茶類的飲品，對女性節食減肥是不錯的搭配。

- **不宜採用飢餓療法**：青春期的女性正處於發育時期，身體需要大量營養，如果過度節食，會阻礙身體的發育，導致第二性徵、身高等發育不良。

總之，節食不僅不能使女性變得美麗，相反，還會導致許多疾病。

為此，女性朋友千萬不可人云亦云地採用錯誤的飲食方法，那樣只會取得與妳的願望適得其反的效果。

貼心小提示

愛美是每個女人的天性，但如果為了美麗的身材而選擇禁食，則不是明智之舉。不過，要是您的營養專家也建議您禁食的話，那又另當別論。但您在準備禁食的兩天前，應該只吃生蔬菜和水果，因為這些食物有利於您身體各系統的消化。

另外，在禁食中，您每天還需要喝新鮮的蔬果汁，但絕不能飲用對空腹有害的柳橙汁、番茄汁以及各種加糖和添加劑的蔬果汁，而應該選擇新鮮的蘋果汁、甜菜汁、白菜汁、紅蘿蔔汁、芹菜汁等，這些蔬果都是被稱作「綠色飲料」的高效解毒劑。

第四節　用正確的心理對待減肥

減肥是肥胖者透過某些措施以減少人體過多的脂肪、體重為目的的行為方式。指運用藥物、飲食、運動、中醫經絡，心理療法來達到減少身體脂肪堆積的一種現象。

肥胖的根本原因是能量攝入超過能量消耗。我們女人想要真正安全有效地減肥，必須要樹立正確的觀念：減肥不能「急功近利」，更不能「隨心所欲」。

掌握肥胖的標準

肥胖是體內脂肪，尤其是甘油三酯積聚過多而導致的一種狀態。肥胖可分為單純性肥胖和繼發性肥胖兩大類。平時我們所見到的肥胖多屬於前者，單純性肥胖所占比例高達 99%。單純性肥胖是一種找不到原因的肥胖，醫學上也可把它稱為原發性肥胖，可能與遺傳、飲食和運動習慣有關。

所謂繼發性肥胖，是指由於其他健康問題所導致的肥胖，也就是說繼發性肥胖是有因可查的肥胖。繼發性肥胖占肥胖的比例僅為 1%。根據引起肥胖的原因，又可將繼發性肥胖分為下視丘性肥胖、垂體性肥胖、甲狀腺功能低下性肥胖、庫欣氏症候群導致的肥胖、性腺功能低下性肥胖等，分別因下視丘、垂體、甲狀腺、腎上腺和性腺疾病而致。

第六章　生活習慣的心理認知

其中，成人以庫欣氏症候群和甲狀腺功能低下性肥胖為多見，兒童中以顱咽管瘤所致的下視丘性肥胖為最多。所以真正肥胖的女性，有必要採取科學減肥。

女性在減肥前應了解自己是否超重。超過標準體重時稱之肥胖症，可實施減肥措施。

但 40 歲以後的中老年婦女不宜全身減肥，只可局部減肥。稍為肥胖豐滿，還可對面部皮膚有繃緊和支撐的作用，顯得皮膚嫩滑，比實際年齡要年輕；如削瘦則面部皮膚出現鬆弛，顯得衰老。局部脂肪是否過多，可運用「揪皮測驗」法，用食指和拇指捏住局部，如上腹部、下腹部時所形成的皺褶厚度大於 2.5 公分時，可採取局部減肥措施。

認識盲目減肥的危害

肥胖容易引發其他疾病，必須從剛剛開始發生肥胖的趨勢時就果斷的採取有效措施，將它控制在萌芽狀態。但是，人們往往在減肥中操之過急，結果適得其反，造成了許多的身體危害。

· **招致閉經症**：近年來，因過度節食減肥引起的月經不調甚至閉經，多數為 20 歲左右的年輕女性，她們限制飲食使體重急遽下降，稱之為體重減輕性閉經，這種閉經患者不存在器質性疾病和精神疾病，完全是因為節食引起體重急遽下降而引起的。

第四節　用正確的心理對待減肥

- 因為青春期女性需要累積一定的脂肪才能使月經初潮如期而至，保持每月一次的規律性。如果盲目減肥，體脂減少，有可能會發生使初潮遲遲不來，已來初潮者則可發生月經紊亂或閉經。

- **誘發膽結石**：減肥者的低熱量和低脂肪飲食很容易引發膽結石。原因是，當因脂肪和膽固醇攝入驟減而發生飢餓時，膽囊無法向小腸輸送足夠的膽汁。膽汁的積滯和膽鹽呈過飽和狀態的形式存在，會促進結石形成。

- **損害腦細胞**：一項新的研究顯示，節食減肥對大腦記憶功能細胞的危害甚大，會導致這些減肥者們記憶力減退，乃至以後連很簡單的計算也對付不了。因為節食的結果是機體營養缺乏，這種營養缺乏使腦細胞的受損非常嚴重，直接結果是記憶力和智力明顯下降。

- **骨質疏鬆症**：更年期尤其是絕經後婦女，由於卵巢功能停止，雌激素分泌也相應減少，骨鈣大量丟失，容易引起骨質疏鬆症和骨折。除卵巢以外脂肪組織是體內製造雌激素的重要場所，脂肪細胞能將腎上腺皮質所提供的原材料經加工轉變成雌激素，所以體瘦或減肥過度的婦女往往體內雌激素水準較低，更容易引起骨質疏鬆症和骨折。

- **頭髮脫落症**：因減肥而致脫髮者不斷增多，20%至30%為20歲至30歲的年輕女性。因頭髮的主要成分是蛋白質、

第六章　生活習慣的心理認知

鋅、鐵、銅等微量元素。吃素減肥的人只吃蔬菜、水果與麵粉等，蛋白質及微量元素攝入不足，導致頭髮因嚴重營養不良而脫落。

掌握減肥的正確心理

女性成功減肥除了飲食和運動，這兩個生理方面的控制與調整，心理的影響也不可小看。就好像戒毒一樣，為什麼會很難，為什麼會反反覆覆，就是因為無法從心理上有效的徹底拔除。為此，女性應積極發揮心理正面影響，克服負面影響，減肥瘦身一定會成功。

- **找個對比對象**：以自己最喜歡或者欣賞的某個人當作我們的動力。把她最苗條的照片擺在一眼就看見的地方，天天看見她，並認定自己一定要變得像她一樣的身材。
- **借助他人經驗**：找個成功的榜樣，借取她的經驗，雖然不一定百分之百適合自己，但至少有我們值得學習的地方。比如，我們看了網路上很流行的小 S 減肥心得，很受啟發和鼓舞，就可以借鑑實用。
- **凡事順其自然**：不必強迫自己，為了多吃的一口蛋糕而懊悔不已。這樣會把自己的心情弄得很糟，而且容易使我們自己脾氣急躁，走到極端。

其實我們每個人都是普通人，不是每個人都特別有毅力，能長期堅持目標而毫不鬆懈，也不是那種特別沒毅力，三

天打魚兩天晒網。為此，毅力只要一點點，70% 至 80% 就夠了。要試著想想，自己比起以前的行為有很大的進步。

- **不求速戰速決**：瘦身減肥是個長期的事情。不是網路上所說的一個月 5 公斤、10 公斤。那樣太可怕了。減的不見得是「脂肪」，而且不容易保持。反彈起來更是容易。一個月 1 公斤至 1.5 公斤是比較合適的。當然與原來的基礎體重也有一定關係。

- **心理暗示療法**：要不斷鼓勵自己。一定要達到理想目標。以前有多胖以後一定就能有多瘦。事物總是在發展變化的。過程堅持下來了，結果就是一種必然。

達到目標後，要保持少則七八天，多則幾個月不反彈，才是真正的成功。不應該著急盲目樂觀。瘦身最怕反彈，反覆減肥對健康大大不利。

貼心小提示

不管女性採用什麼方法減肥，合理飲食都一樣重要。為此，您的減肥期食譜應以低熱量、低碳水化合物、低脂肪、高蛋白質為主，可選吃蛋類、瘦肉類、蔬菜類、水果類、少吃玉米、馬鈴薯、花生、南瓜、奶油、巧克力、肥肉、油炸品、甜食、含糖飲料及麵食、酒類。

同時，一日三餐要定食定量，以早上吃好，中午中飽，晚上吃少為原則，兩餐之間不加餐，忌吃零食，睡前三小時不吃消夜，如有飢餓感可飲水或吃點青菜、水果。

第六章　生活習慣的心理認知

第七章　職業生涯的心理保健

職場是人們將理想轉化為現實的唯一通道，它能給
人成功的喜悅，從而成為人們豐富和完善美好生活
的神奇工具。

與人一樣，職業也有擬人化的心理和性格，不同的
職業具有不同的性格特質。

在求職的路上，清楚自己所選擇的職業性格對於自
己的職業發展來說是非常關鍵的。

第一節　正確看待職場女性歧視問題

由於女性的特殊生理原因，當今還是有不少公司只考慮自身經濟效益，認為女性生育會影響工作，或者對女性工作能力有所懷疑。於是，職場歧視成為女性困惑的一個重要原因。

那麼身為女性，我們應該如何面對社會和職場用有色的眼光看待我們的能力呢？這就需要女性在工作中做好各方面的努力。

了解職場歧視的表現

在職場上，社會對女性的歧視主要表現在以下幾個方面。

· **收入歧視**：研究證明，絕大多數女性的收入都比男性收入低，一方面是受到了社會普遍觀念影響及職場對女性的歧視，另一方面也是由女性自身造成的。

女性尤其容易低估自己，這也正是她們收入「低」於潛能的原因。如同樣一份實驗室的工作，女性能夠接受比男同事低得多的報酬。這一點不因女性前一份工作的收入高低而改變。

其根源，按照心理學家的說法，是一種「壓抑效應」，具體指在社會上只占少數的人群，在社會精英層面前，往往容易低估自己。弱勢群體會認為，自己的這種弱勢地位是理所當然。看到優勢群體的優勢時，女性會認為是本該如此，而不管這種優勢是多麼不公平。

第一節　正確看待職場女性歧視問題

· **外貌歧視**：曾有人對女性就業做過問卷調查，在問到「女性在求職過程中最重要的是什麼？」的問題時，排在前 4 位的答案是：外貌氣質、學歷和公關能力，分別有 70.1%、67.2% 和 60.7% 的被訪者選擇了這些選項。另外有不少企業對女性婚姻狀況也提出了要求。

由此可以看出，女性外貌在求職和就業過程中都很重要。據報導，一位記者在人力市場採訪時也了解到了類似的情況。一名外語系畢業的女生介紹，2004 年畢業以後，她就開始了自己辛酸的求職過程。口語一流的她，先後應徵了多個企業的翻譯職位，只因身高僅有 150 公分，屢次在面試中被刷下來。以至於幾年來她只能靠當家教等工作「餬口」。

· **心理歧視**：在女性的職業歧視中，也不能排除女性職場人士的主觀意識。很多女性在潛意識中把自己定位為「性別弱勢群體」，由於有這樣的主觀意識存在，使她們在職場中可能變得比較敏感，容易強化那些原本並非是不公平待遇的現象。

比如，女員工看到男同事跟老闆一起抽菸聊天，走得近，就覺得老闆一定偏心男員工。另有一些女性在潛意識裡認為，既然我們是弱勢群體，當然就該受到更多的關注和照顧。可在今天競爭激烈的職場上，誰會無緣無故地特別照

顧別人呢？有些時候，其實女性只是沒有受到特別的照顧，但並不意味著就受到了歧視。

- **能力歧視**：在職場中，女性的能力往往會受到懷疑，很多人認為女性的工作能力不如男性。世界上有男人和女人，但又根據其各自的生活層次、教育背景的不同被分為各不相同的社會群體。不同的人在職場中的發展、境遇不能一概以性別而論。假如我們留心一下便會發現，女性在很多職業領域的發展比男性要好，譬如在基礎教育、幼教、部分行業的銷售、護理等方面。

認識職場歧視的原因

與任何一種社會現象的產生一樣，職場性別歧視形成的原因也是多方面的，心理學認為主要包括以下幾點：

- **生理差異**：一位企業人力資源經理如是說：「從企業的角度來講，僱傭女員工不只是簡單的增加一個員工的開支問題，因為她休假而導致的問題是一連串的，會產生連鎖反應，導致企業流程受阻。而且她做了母親之後根本不可能像沒有結婚以前那麼投入的工作，企業對員工的要求就是百分之百地投入。」

此外，由於女性的生理特點，企業一般不能安排其單獨出差，加夜班還要考慮安全問題，這種由於生理差異帶來的問

題讓用人單位覺得「麻煩」，成為一種生理性的就業障礙。

· **企業利益**：身為市場經濟的主體，企業追求利益最大化是企業發展的需求，是增強競爭力、保持可持續發展的需求，是市場經濟的規律使然，因此企業在合法的情況下追求利益最大化是無可厚非的。

· **文化傳統**：儘管有一系列的立法規定性別平等，儘管幾十年來女性的社會地位發生了巨大變化，但幾千年父權社會所承襲下來的對女性歧視的思想仍帶著巨大的慣性，影響著人們的觀念、意識和行為，在就業中也同樣展現。

· **其他因素**：近年來，在就業過程中較為常見的公開歧視現象，如今正在轉向「隱性化」。舉例說，「不招女生」的字眼在應徵啟事中越來越少見，但在實際錄用時，卻仍然存在男多女少的情況，這就屬於隱性性別歧視。

經歷過多次面試的人都知道，職場的「外貌歧視」和「性別歧視」相當普遍。社會心理學家的大量研究顯示：男子高大帥氣、女子漂亮身材好，絕對有助於升遷。當然不是說外貌決定升遷命運，但是，事實證明，在同等能力的情況下，美感分數越高，越容易更順暢地與人打交道，也更容易獲得升遷機會。

第七章　職業生涯的心理保健

應對職場歧視的方法

　　從根本上講，能否戰勝自身的弱點，是女性在事業上成敗的關鍵，為此，現代女性應該注意克服自己的一些心理障礙，以及以下幾個方面的問題：

- 　**不能自卑**：自卑，是常見的一種心理現象，表現為對自己的能力或地位評價過低，自己看不起自己。這一消極、有害的心理在現代女性擇業中普遍存在著。而對激烈的擇業競爭，不少女性普遍設置了心理障礙給自己，所以有人說，女性成功的主要障礙不是別人，而是自己。
- 　**克服依賴**：一些女性平常養成了對父母和伴侶的依賴心理，面對職業選擇，也容易產生依賴思想，因此錯失了許多良機。
- 　**消除自負**：自負即是過高地猜想個人能力，失去自知之明。在我們的生活中，自負心理在不少女性身上反映突出。她們在求職時，過高地猜想自己，這個公司瞧不起，那個職位也不順心，而用人單位對這種缺乏自知之明，自視清高的女性是不願意接受的。為此，女性在選擇職業中要注意自己的自負心理。
- 　**發揮優勢**：一般說來，在職場中女性有以下別於男性的優勢，可以有利的發揮出來。

A. 語言表達能力。女性運用語言詞彙的能力強於男性，隨著年齡的成長，知識的累積，女性駕馭文字的能力，在語法、造句、閱讀能力等方面都比男性更為出色。

B. 思維能力。女性在對三維空間的認知能力上往往略遜於男性，但她們在對形象的思考以及思考問題的細緻周密上卻普遍具有優勢。

C. 交際能力。女性普遍具有和藹可親、容易與人相處、感情豐富且善於體諒別人的處境和困難的特點，在社交場合或工作合作中能表現出較強的人際交往能力。

D. 忍耐力。在相對單調乏味的條件下仍能孜孜不倦地長期工作，這是女性的一大特點。大多數女性工作耐心持久，態度認真，有較強的工作責任心。

· **積極進取**：現代社會對女性，特別是對女大學生要求近乎苛刻，對其自身整體素養提出了比男性更高的要求，特別要求具備良好的文化修養和道德情操，有較好的分析判斷能力和思考應變能力，掌握並熟練地運用基本技能，有較好的人際交往能力，具備敬業精神。為此，女性應該積極進取，學習本領，以便找到適合自己的工作。

貼心小提示

身為女性，您要記住，職場雖然對女性有種種限制，但只要我們有能力，有自信，在任何地方都是可以有一番作為的。

妳應該注意的是：在職場裡不能為了有份工作，而丟掉了自己的骨氣，至少不能對那些對您別有用心的人有軟弱、屈服的行為。

職場是一個利益交換的場所，品德好的人往往被人利用，而壞人卻順風順水。您可以不學壞人那樣去害人，但至少要有保護自己的能力。

別人要來害您，最簡單的方式是利用您的善良，其次是因為您輕信於人。而在職場中，信任這種東西往往應該有尺度。站在自己的立場上，守住應該有的利益，相信應該相信的話，這樣才能活的更好。

第二節　正確面對自己的工作問題

身為現代女性，日復一日，年復一年地在辦公室工作，是否感覺到有點難以掌握工作這隻大船的航向的感覺呢？那麼，下面就幫女性出幾個新招。

不要區分性別

女性應該明白，做任何工作都與男性或女性沒有關係，工作做得好壞才是唯一有價值的事。

　　為此，女性與其強調區分性別，不如自己學會和提高某件工作的專門技藝，這樣自己能很快贏得大家的尊敬。

工作表裡如一

　　在我們的工作中，因為會議或出差、假期而上司不在的時候，辦公室氣氛自然會顯得比較輕鬆。這時候，有的人大聲談笑、有的人批評上司的不是，有的人甚至大搖大擺地坐在上司的位子上大放厥詞。所謂「閻王不在，小鬼當家」指的就是這個情況。平常表現得唯唯諾諾，只有在這個時候才擺出作威作福的樣子。

　　事實上，我們不論什麼時候都應該保持相同的工作態度，這也是正直做人的準則。如果把一些精力與腦力全用在陽奉陰違上，對工作自然就無暇顧及了。更何況這種陽奉陰違的行徑終有百密而一疏的時候。為此，女性在任何時候都應該表裡如一的工作。

主動擔當苦差事

　　有些人喜歡在熱鬧喧譁的環境中穿梭交際，而有些人則喜歡安安靜靜地埋首於研究工作，這是因為每個人的性情各不相同。此外，有不少人原本並不喜歡自己所從事的工作，但在每天不停地投入心力之後，便不知不覺地喜歡自己的工作。

　　或許在我們的周圍，有些工作是每個人都不想做的「討

第七章　職業生涯的心理保健

厭的工作」，大家對這樣的工作，都是一副避之猶恐不及的態度。但是，工作總是要有人來做，眾人只好暗自祈禱這差事可別降到自己的頭上。

這時候，我們如果表明自願做這些沒有人要做的工作，則會得到更多人的尊敬。

從容面對挑戰

職業女性要想在工作職位上做出一番成績，要得到上司的讚賞和同事的認同，需要的不僅僅是勤奮和吃苦耐勞，還需要保持一種有能力女性的工作儀態，隨時給上司、同事對自己有幹練優雅的印象，下面便是成功職業女性會有的儀態。

- 上班前 5 分鐘應當就位，顯現出職業熱情和幹練風度。
- 服飾應當具有獨特品味，應該整潔不花哨，並能從中發掘流行元素，顯得既年輕又高貴。
- 接受命令應站在上司的側後方，擋在前面是不禮貌的，冷靜地接受和傳達命令。
- 報告應當事前做好充分準備，整理出結論與重點，顯現出妳的邏輯和效率。
- 出現任何緊急情況都不要慌張，要從容不迫地解決或向上級匯報。
- 接待客人時，走廊、樓梯的中央留給客人走。在引導客人

時，身體應側向客人的一邊，在兩三步前，並配合客人的
步調。

·　處理公文、函件要記住基本程序，這是一項不可忽視的工
作。

·　與上司的朋友或親人交流時不要頂嘴，不要使上司下不了
臺。

充滿熱忱地完成工作任務

對工作熱忱是一切渴望成功的人必須具備的內在素養。它
是無往不勝的精神武器，是一個人內心渴求成功的源泉，更是
推動人向前努力邁進的動力。

為此，女性要做到無論在從事什麼樣的工作，都要認為是
在從事一項世上最偉大最神聖的工作。始終對它懷著濃厚的興
趣。無論工作的困難多麼大，或是品質要求多麼高，要始終一
絲不苟、不急不躁地去完成它。

貼心小提示

現代女性面對日益繁重的工作壓力，都或多或少地產生一定
程度的精神緊張。那麼，我們該如何克服工作上的精神緊
張，以便輕鬆地進行工作呢？下面為您提幾點建議：

1. 條理清晰：如果您知道要處理的事情是在辦公室裡，在辦
公桌上，在公文夾裡，您就會工作得更有效率。

2. 避免誤解：如果您向雇員發出指示，或者從上級那裡接受

指示，要額外花點時間搞定它。這樣就可以避免誤解。「請向我重複一遍這些指示，以使我確信我們相互溝通了，好嗎？」這是您們兩人之間完全正當的提問。

3. 留有餘地：在一個活動與下一個活動之間，需要有一個過渡時間。如果您要去看望一位客戶，您要在路程以外的時間留 20 分鐘的空檔，以防意外情況發生。

4. 依靠自己：如果因某項工作而受到讚揚，那當然好，但不要指望也不依賴讚揚，這對自己不失為一種小得多的壓力。

5. 從批評中學習：如果您的工作成績鑑定未達到一般標準，沉迷在消極的感情中是無用的，也是有害的。仔細想想對您的批評，看看有什麼可以改進，以便下次能獲得好的評價。

6. 寬恕自己：如果您能回過頭來以新的眼光審視一下您的錯誤，那您就可以開拓一個更廣闊的領域。做一件事情通常並非只有一種正確途徑，所以，這一過失也可能引導您找出一種不同的，而且是更具創新的解決方法。

第三節　不要讓工作狂侵害自己的身心

工作狂也稱工作成癮症候群，是一種對工作過度依賴的表現。他們不覺得長期工作是一種痛苦，相反，一旦離開工作就感到十分煩躁。工作狂的人還常常強迫自己做到「完美」，一旦出現問題或差錯便羞愧難當、焦慮萬分，卻又將他人的援助拒之門外。

隨著現代社會節奏的加快，越來越多的女性被緊張的工作

弄得團團轉，使自己不由自主地成為工作狂。對這類女性來說上班和下班是沒有任何區別的。當然努力工作是一個好員工的重要特徵，但是過分地沉迷工作，忽略生活，對家庭對身體健康都是一大損害。為此，現代女性一定要處理好工作與休息的關係，避免成為工作狂。

了解工作狂的心理特徵

研究發現，工作狂和酗酒一樣，其實是一種心理疾病，它們的具體心理特徵如下：

· **自我中心**：以自我為中心是女性工作狂關鍵的特徵，因為解決問題控制了生活的所有其他方面。而解決問題是透過在工作中失去自我來實現的。於是，「工作狂」的生活變成了「為了工作而工作」的自我沉溺。

· **完美主義**：工作上癮的女性沉迷於為不可能達到的完美狀態而奮鬥。不像為一種高品質的產品或服務而努力，她們相信存在一個完美的產品或者某種組織形式。

　　錯誤是不能發生的，因為它與完美相牴觸。因此，錯誤並不被用來當做學習或者資訊的來源。

· **過於認真**：具有工作狂心理的女性對自己的工作都以絕對認真的姿態去完成，她們無法信任別人的能力，任何事情都要求自己親自去做，便不自覺地成了工作狂。

- **害怕失敗**：害怕失敗與害怕失去控制相關聯。恐懼比成功的欲望更能夠驅動工作狂，而對失敗的恐懼影響著工作狂的選擇。
- **暫時失明**：有工作狂心理的女性不注意她們的環境、他人、甚至她們自己。這種狀況不僅使她們缺乏對現實狀況的眼光，還使她們對今天的事情如何與過去和未來相連繫失去判斷力。她們無法辨別整幅圖畫。她們需要解決的問題只是非常短期的焦點，使她們失去對更廣泛背景下行動的主意。

認識工作狂的形成原因

心理學認為，女性工作狂主要有以下幾個形成原因。

- **真心熱愛工作**：有很多工作狂女性是一個熱愛工作的人，她們真心地熱愛自己的工作，並以此作為自己人生的樂趣，不知疲倦。
- **生活沒有目標**：這種工作狂女性沒有自己的生活目標，或者是因為客觀因素造成的無法與家人團聚，生活單調無味只能靠工作來獲得樂趣。
- **為了逃避現實**：這類女性可能在生活中遭受到了挫折，為了逃避這些不堪的現實，轉而把精力都投放在工作上。
  希望透過瘋狂的工作來獲得自信和快感，感情上受到傷害的人也容易將重心轉投到工作上，期望透過工作的成績來獲得別人的尊敬。

- **自信心的建立**：具有工作狂的女性都渴望透過努力的工作
  來證明自己的才能，強烈地渴望得到別人的認可。

避免工作狂的方法

現在已經有不少企業提倡「工作就是娛樂」，這是一種非
常明智的作法，員工把工作當做樂趣，能有效地提高員工工作
的積極性。為此，女性應該避免自己變成工作狂，具體可以採
用下列方法。

- **學會享受生活**：工作狂女性應當學會如何享受偷懶所帶來
  的樂趣。剛開始的時候要留意一下身邊所發生的事情。
  例如如何使一個孩子在起步階段提高素養，太陽是怎樣越
  過地平線落下山頭的，或者試著花比平常吃正餐多兩倍的
  時間寵愛一條狗等，或者應有意識地讓自己什麼也不做，
  學會忽視一些事情的方法。
- **調節認知能力**：有工作狂行為的女性往往具有很強的事業
  心和責任感，所以，要降低對自己的要求和期望值，不再
  把工作視為自己人生價值的唯一表現，注意事業與家庭之
  間的平衡。權衡一下自己為之奮鬥的目標與家庭的關係。
  在工作之前，女性不妨先想想工作是為了滿足生活樂趣，
  或是想長時間工作使家庭關係破裂等生活不幸，然後問問
  自己哪一種選擇更值得自己付出。

第七章　職業生涯的心理保健

· **減輕工作壓力**：抽個空閒的時間，工作狂女性不妨列出一份工作日程表，先將自己現在的所有工作項目和工作時間一一寫明，然後考慮哪些可以完全放棄，或至少暫時放棄，哪些可交由他人或與他人合作完成，定出新的工作日程表。

· **注意勞逸結合**：工作狂女性應培養一些業餘愛好，在工作之外幫自己安排一些有益的活動。如經常跟朋友聊天、郊遊等情況會更好。

不管怎樣，女性在工作時必須提醒自己，要知道工作之外還有很多有意義的事情應該去做，這樣的生活才會更加地美好。

貼心小提示

如果您是一位工作狂女性，您還必須調整好自己的觀點。要知道，工作是生活的一部分，並不能成為生活的全部。工作是永遠不會停止的，但身體需要休息、心靈需要休息。為此，您要培養健康的工作態度，要多拿出一些時間與家人分享。

同時，在生活中，您要努力培養自己的愛好，多方面地培養自己的興趣，放鬆心情平衡生活，這樣您會感到，人不僅僅只是為了工作活著。

第四節　懂得調節自己的工作壓力

在一個充滿競爭的工作環境裡，每個人都會不可避免地遇到各種壓力。這是很正常的，關鍵在於自己如何對待。

其實凡事只要自己盡心盡力，做好了自己的工作就行了，一些東西是急不來也想不來的。與其讓壓力平添無謂地煩惱和痛苦給自己，還不如靜下心來，享受最真實的現在。為此，女性應該明白，正確調節自己工作中的壓力非常重要。

了解工作壓力的表現

壓力的具體表現主要是在工作方面，無論是科學研究開發還是生產銷售，都要競爭。工作任務多，難度大，時間緊，人員少，資金不足，技術落後等，都會造成巨大的壓力，具體表現在以下方面。

- **工作倦怠症**：大多數有一定工作經歷的女性都曾有過「疲憊、皮膚狀態不佳等」相關症狀，對工作提不起精神，甚至產生轉換角色、到完全陌生的環境或從事完全不同職業的想法。

- **缺乏安全感**：職業女性普遍缺乏安全感，心理承受力不強，有一種朝不保夕的危機感，同時，長年的艱辛勞作又常常使她們感到勞累而心生厭煩。長此以往，會使她們心理失衡，健康狀況過早走下坡路。

第七章　職業生涯的心理保健

· 缺乏樂觀精神：許多職業女性遇事只看到事物陰沉黑暗面，總是預測自己可能不順和失敗，常因抱怨而失去施展才華的機會。

認識工作壓力的原因

職業女性，特別是 20 歲至 40 歲的職業女性存在心理壓力的原因主要有以下方面：

· **社會因素**：隨著經濟與社會的發展，人們的生活節奏不斷加快，競爭日趨激烈，迅疾的變革加大了適應的困難，一些職業女性每天的工作時間長達 11 小時甚至更多。長期處於這種狀態，對人的心理和生理健康都是十分不利的。

· **就業壓力**：由於性別偏見和性別歧視，在當今社會，女性在就業、職位競爭、加薪等方面均處於劣勢，有些職業女性為了保住工作或得到提拔，在遇到男上司騷擾後甚至不敢說出來，這就使一些職業女性陷入既憤懣又無奈，既想競爭又怕付出過高代價的困惑之中，心理壓力不斷加大，以致整天提心吊膽，對人事關係過於敏感，甚至引起植物神經功能紊亂。而長期處於心理重荷之下，會對心理健康造成嚴重的不良影響。

· **家庭因素**：婚姻、家庭對於女性的壓力也很大。而職業女性不僅要承擔工作壓力，而且還要花相當大的精力在家庭

和孩子身上。而現代社會家庭的穩定性大大下降了，稍不留神家庭就會出現危機，孩子在當今的教育制度下，也是壓力重重，問題繁多，這些部分一旦出現問題，就容易使職業女性們產生挫敗感，憂鬱沮喪。

‧ **生理因素**：由於生理因素以及青春期、妊娠期、產褥期、哺乳期、更年期等，每一階段都可能引起女性的心理衝突和危機，所以，相對於男性來說，女性更易患心理疾病。以憂鬱症為例，統計顯示，女性憂鬱症的發病率是男性的兩倍。

‧ **其他因素**：主要展現在以下三個方面。

A. 職業女性隨著閱歷的增加對工作的新鮮感逐漸減少，不少人出現莫名的疲勞感。這種來自心理的疲勞感降低了工作效率，使職業女性增加了對工作不穩定性的焦慮，也會削弱職業女性未來發展的競爭力。

B. 女性事事追求完美的心態是造成壓力感的主要原因。女性追求完美，對家庭、事業抱有太多的理想，目標制定過高，對自己要求過於苛刻，而社會同現實又往往會打破這種幻想，令其感到恐懼、無所適從。

C. 女人的天性使得許多職業女性熱衷於跟別人比

較，又總覺得自己處處不如別人，這種來自內
心的干擾，往往會造成心態失衡，容易引發心
理問題。

化解工作壓力的方法

節奏快的都市生活常常讓人喘不過氣來，繁重的工作總是讓我們高度緊張。長期在「高壓」下工作不但有損健康，對工作本身也會有壞影響。那麼，我們該如何化解工作壓力呢？心理學對女性有以下建議。

- **將工作留在辦公室**：具有工作壓力的女性在下班時盡量不要將工作帶回家中，即使是迫不得已，每週在家裡工作不能超過兩個晚上。
- **提前為下班做準備**：在下班兩個小時前列個清單，弄清楚哪些是我們今天必須完成的工作，哪些工作可以留到明天。這樣我們就有充足的時間來完成任務，從而減少工作之餘的擔心。
- **將工作困難寫下來**：如果在工作當中遇到很大的困難，回家後仍然不可能放鬆，那麼我們可以拿起筆和紙，一口氣將所遇到的困難或是不愉快寫下來，寫完後把那張紙撕下扔掉。
- **下班路上學會享受**：如果是開車下班，可以放自己喜歡的

CD 或錄音帶；如果是坐公車或是捷運，也可以聽一聽音樂等，總之，下班路上花上幾分鐘做自己喜歡的事情，有助於緩解工作的緊張情緒。

· **回家前把工作放下**：購買或製作一個大籃子或是大的容器，把它放在住所門口。當我們下班走進家門後。立即將公事包或是工具袋放到裡面，第二天出門之前絕不去碰它。

· **建立某種生活習慣**：幫自己建立某種生活習慣，以它為界，將每天的工作和家庭生活分開。這種生活習慣可以是在餐桌上與孩子談論學校的事情，也可以是喝上一大杯檸檬汁。

· **把家裡收拾得整潔**：一個雜亂無章的家會給我們一種失控的感覺，從而放大白天的工作壓力。為此，我們可以在睡覺前花上 5 分鐘收拾一下自己的住所，以便在第二天可以回到一個整潔優雅的家中。

· **合理地安排家務事**：如果想要在一夜之間把所有的家事做完，那麼我們自然會感到緊張和焦慮。相反，如果能夠合理安排或是將一些家事留到週末再處理，就能使做家事成為工作之餘的放鬆手段。

貼心小提示

為了緩解工作上的壓力，在空閒的時候，您還可以透過以下行為來緩解和疏導自己的心理壓力。

1. 放鬆療法：當您感到工作繁重、心理壓力過大的時候，可

抽出 5 分鐘至 15 分鐘的時間來做深呼吸：選擇安靜、光線不太強的地方坐下，放鬆身體，然後做深長的呼吸，每次緩慢吸入空氣，達到最大肺活量時，盡可能保持一段時間，然後再緩慢地把氣體徹底呼出來，在這一過程中可感受肢體肌肉由緊張漸漸放鬆的感覺。這是一個非常簡單而有效的心理放鬆方法。

2. 音樂療法：事實證明，音樂療法可以幫助我們驅散消極情緒，緩解壓力。如當您焦慮、緊張、煩躁的時候，可以選擇〈春江花月夜〉、〈梅花三弄〉等幽雅的古典樂曲；而當您情緒低落、消沉、憂鬱時，則可以選擇歡快輕鬆的民曲或鋼琴曲。

3. 自我傾訴法：即在心情焦躁、緊張而無法保持冷靜時，將這種心情和感受寫下來，用文字表現出來。

同時，當您在感到有工作壓力的時候，還可以向朋友家人傾訴，及時化解不愉快的情緒，獲得別人的情感支持。這樣對調節您的壓力也有很好的幫助。

第五節　正確預防職業倦怠症候群

職業倦怠症候群是指長時間對工作感到厭煩，工作時提不起精神，什麼都懶得去做，工作效率低，失誤多的症狀。職業倦怠症候群很像憂鬱症，區別是前者幾乎只表現在面對工作上，而後者則廣泛地表現在生活的各個不同方面。

患有職業倦怠症候群的女性猶如失去水的魚，備受窒息的

痛苦，經常會感到頭痛、疲倦、全身無力，心情壓抑等。為此，女性應該認真找出自己的患病原因，預防這種病症的發生。

了解職業倦怠症的產生原因

一般認為，女性產生職業倦怠症候群主要有以下三大原因：

·　**工作壓力**：女性產生職業倦怠症候群的首要原因是長期的工作壓力，引起心理狀態的不良反應。因為我們的身體總需要精力補充，以維持足夠的精神能量來凝聚注意力。

如果持續工作壓力大，得不到鬆弛，「緊張、放鬆」機制運行失衡，就容易干擾或損害自己心理狀態，使我們產生職業倦怠症候群。

·　**缺乏興趣**：即是對所做的工作缺乏興趣，主要原因大約有四類：一是對工作性質不感興趣；二是長期的單調重複性勞動；三是對職位安排不滿，比如無法升遷，工作得不到老闆或同事們的認可；四是工作上得不到較大突破，難以做出成績。

·　**疾病困擾**：很多患有一些身心疾病的女性，都可能會出現職業倦怠的表現。如果長期對工作沒有熱情，既使更換職位和工作環境、跳槽等都無法改變自己的消極狀態，就很可能是疾病的因素。各種研究顯示許多慢性疾病與工作壓抑有明顯關係。

第七章　職業生涯的心理保健

患有職業倦怠症大多都有不同程度的身體疾病，包括偏頭痛、過敏、胃潰瘍、高血壓、腰背痛等。

掌握職業倦怠症的預防方法

在我們的身邊，隨著工作壓力的增強，患有職業倦怠症候群的女性越來越多，那麼該如何讓預防職業倦怠症候群呢？具體辦法是按以下要求去做。

- ·　樹立切合實際的職業目標，做自己力所能及的工作。在此基礎上再學習和提高，或者追求更高、更有價值的目標。
- ·　建立職業興趣，強化職業情感。興趣是成功的先導，熱愛自己的工作是取得成績的保障。
- ·　打亂目前單調、乏味的工作節奏，建立新的生活工作秩序，找到新的價值重心。
- ·　利用昇華技巧。把自己的原始需求、欲望投射到其他領域之中，拋開雜念和煩惱，追求高尚的目標。

貼心小提示

為了避免自己患上職業倦怠症候群，在工作中，您可從不同的角度尋找工作的樂趣。興趣是成功的動機，只有當你熱愛一份工作的時候，您才有更多的熱情迸發出來。

同時，您還要學會照顧自己，工作之餘應充分休息和娛樂。合理地安排學習、工作和生活，要有計畫地合理安排，做到

有張有弛，並保證足夠的睡眠時間，讓機體功能得到康復，這樣才能充滿生機。

另外，實踐證明，體能訓練也是消除職業倦怠症候群的良方，為了使身體更加健康，應適當參加體育活動。

第六節　有效提高「裁員免疫力」

當今，隨著科學技術的不斷提高，以及各種競爭的不斷加劇，裁員已成為很多公司為了提高自身效益而常常運用的一種手段。由於女性本來就受到了一些性別歧視，而且很多女性自身又存在著某些脆弱因素，當公司進行裁員時，女性所占的比例較大。為此，在適當的時候，我們可以透過採取一些措施使自己離裁員的危險更遠一些。

提高工作的「能見度」

一些女性員工相信保住職位的最好辦法就是努力工作。她們容易只是埋頭苦幹，而不注意身邊的變化，這在職場中是危險的。譁眾取寵當然不可取，但有的時候提高自己的「能見度」，引起別人的注意將會對我們在職場上的發展有所幫助。

我們可將分內的工作做得很出色，但同時還要確信別人也知道到自己的才能。為此，當公司在定期向主管匯報工作，評估業績和工作進展這種時候，女性不妨表現一番，處理好內部關係，讓別人知道並認可自己的業績。

第七章　職業生涯的心理保健

保持樂觀積極心態

　　心理學認為，獲得滿意的職位是每個人的夢想，但是如果現實和理想有所差距，就需要以樂觀心態坦然對之，並在工作中充分展示我們的能力。

成為工作的多面手

　　企業對於有多方面才華的員工自然是另眼相看，如果我們是一個多面手，對於企業來說就更有價值。因此，女性在工作中要加強橫向學習，對於其他部門的工作要加以留意，在有需要的時候主動提供幫助。積極主動的工作將會為自己在企業內部贏得好的名聲，而不僅僅局限在自己部門的小天地裡。

使自己保持忙碌狀態

　　在很多情況下，如果企業的運作速度放慢，下一步很可能就要進行裁員了。為此，女性在這種時候要特別小心，如果自己表現出對工作的厭倦，或是覺得什麼也沒做照樣能得報酬，那麼則很可能會成為裁員的對象。這時，即使我們的專案實施放慢了，也要積極主動去發現需要解決的新問題。實在沒事做可以整理文件，在這一過程中理清思路，提出新的創意和項目。總之，要使自己處於忙碌狀態。

以開放的態度應對變化

當裁員來臨時，企業裡的許多事情都會發生變化，職責在變化，部門在調整等，這些都會造成士氣下降、抱怨增加。要以開放的態度應對變化，並將每一次變化都看做是一次機會。保持積極的態度。

雖然永遠避開裁員是不可能的，但在企業裡的表現會影響到我們的未來。即使真的遇到裁員，我們也要與企業保持良好的關係，並以積極的態度有尊嚴地離開。因為許多企業的裁員都是短期行為，一旦再次走上正軌，它們又要重新應徵員工。如果我們本身工作積極又有才華，那麼，何愁企業不會再次找到自己呢？

貼心小提示

如果您不想被裁員，那麼您對公司的晉升制度、目標和人際關係，都必須非常了解，才能爭取更多的表現機會。同時，上司是企業的靈魂，您要了解他喜歡員工怎樣的工作態度和素養等，那麼如何贏得上司的賞識呢？下面有這些竅門教給您。

一是勇於接受任務。當上司提出一項計畫，需要員工配合執行時，您可以毛遂自薦，請他讓您試一試。當然，您需量力而為，以免被上司認為您自不量力。

二是處理瑣碎的工作時，您不必把成績向任何人展示，給人一

第七章 職業生涯的心理保健

個普通的印象。當您有機會擔當一些比較重要的任務時,不妨把成績有意無意地顯展現出來,增加您在公司的知名度。

這一項非常重要,上司是否會特別注意一個員工,往往是由於該員工在公司的知名度如何。

三是在衡量工作重要程度時,把可以令上司注意的部分排在最前面。因為上司一般並不重視瑣碎事項的成績,這種缺乏考慮基本因素的弱點,直接令員工迷失目標。

只要您認定某一目標並向前進,就不難排眾而出,獲得上司的注意。

四是應付庸碌的上司,您是無可選擇地要採取絕對服從的態度。但是,不是所有上司都喜歡這種員工,特別是精明強幹的上司,會對那些略有反叛但會為公司利益著想的員工產生注意。

所謂適度的反叛,是指在不傷害上司尊嚴的原則下,依照他提出的計畫作出逐點的討論,而不是他說您就做。因為一個真正有能力的上司會欣賞這種具有分析能力的員工。

五是隨時保持最佳狀態。別以為經過兩個通宵趕工,一臉疲憊的樣子,會博得上司的讚賞和嘉勉。不錯,他可能會拍拍您的肩膀滿是感激道:「辛苦您了」、「繼續努力」、「都是因為有您」等的話,但是在他的心中,則可能有另一番話說,如「這年輕人體力不行」、「有更大的任務能勝任嗎?」等,對該員工的精神和體力表示懷疑。

因此,千萬不要令上司對您產生同情之心,因為只有弱者才讓人同情。如上司同情您,已經說明他對您的能力產生懷疑。

記住,無論在什麼時候,在上司面前均保持一貫的良好的精

神狀態。這樣他會放心地、不斷地交託給您更重要的任務，這樣一來，裁員自然就和您無緣了。

第七節　有效避免辦公室的性騷擾

性騷擾是一個人以某種利誘或威脅的行為，將自己的不正當性要求強加於他人，迫使他人服從自己的意願。

職場上的性騷擾常常會導致女性嚴重的心理創傷。但很多被騷擾過的女人都抱相同的心態，多一事不如少一事，打掉門牙往肚子裡咽。她們息事寧人的態度反倒讓一些無恥之徒更加肆無忌憚、有恃無恐，性騷擾的故事也就越演越激烈。對此，女人須知，性騷擾是一種不法的行為，應掌握方法有效的避免辦公室的性騷擾。

了解性騷擾的表現

性騷擾是一種不受歡迎或不被接受的注意力，或帶有性意識的接觸。換句話說，若某一方用各種方法去接近，或嘗試接近另一方，而另一方沒有興趣、不喜歡、不願意，或不想要這些帶有性意識的接近，便可以說是性騷擾。一般較常見的性騷擾可分為：

· **身體的接觸**：不必要的接觸或撫摸他人的身體，故意擦撞，強行搭肩膀或手臂，故意緊貼他人等。如異性在辦公室故

意緊貼著女性的身體，產生身體上的接觸或碰撞等。

· **言語的接觸**：不必要而故意談論有關性的話題，詢問個人的性隱私、性生活，對別人的衣著、外表和身材給予有關性方面的評語，故意講述色情笑話、故事等。

· **非言語行為**：故意吹口哨或發出接吻的聲調，身體或手的動作具有性的暗示，用曖昧的眼光打量女性，展示與性有關的物件，如色情書刊、海報等。如對路過的女性吹口哨或發出尖叫聲，或者在辦公室內公開張貼色情海報等。

總的說來，性騷擾不單局限於身體上的接觸，一些不禮貌而帶有性意識的言語、動作、甚至聲音如吹口哨等，而令他人有不舒服、不安、焦慮、尷尬、侮辱或不被尊重的感覺，令受者感到不愉快，都屬於性騷擾。

應對性騷擾的方法

如何對付這些有職有權的人的性騷擾，是女性迫切而共同尋求的答案。心理學認為，在自身的心理優勢之下，女性可以根據自己的條件環境和對方的情況，採用不同的方法，來有效地對付職場中的性騷擾，使自己擺脫困境或窘境。

· **軟性對抗**：迴避、暗示、不露痕跡地令騷擾者尷尬和機智地製造脫身機會，都是軟性對抗的策略。對那些僅是口頭騷擾的同事或上司，女性可以綿裡藏針地刺他們，表示自

己很鄙視他們的這種談吐，騷擾者有可能收斂。

對那些行為不規矩的上司或同事，在第一次察覺時，就要用口頭和身體語言表明我們不可侵犯。如果他繼續騷擾，我們還可以暗示，如果他不停止，自己會公開他的行為，他應該考慮他的名譽和地位。這種對策一般對有色心沒色膽的上司或重名利、怕老婆的男人比較有效。所以，為使我們的對策成功，我們應想法了解對方的性格、家庭等。

- **見機行事**：是成功地避開性騷擾的方式。如果騷擾者單獨邀女性，我們可以帶上朋友赴約，或者安排自己的朋友也到某一地點活動，到時我們可以假裝是碰巧遇上，然後向妳的上司或同事介紹自己的朋友，令他無法有機會向自己下手。

- **隱私威脅**：這是在暗示、委婉拒絕等軟性對抗無法發揮作用的情況下，讓騷擾者處於完全被動的招數。女性準備一個小型錄音機，找準機會錄下他的挑逗之語，然後不動聲色地把錄音帶放到他的辦公桌上。

  另外，可以利用自己和上司或同事經常相處的機會，掌握一些他的祕密，然後以此作為威脅，令他對自己規矩行事。這種方法只要能做成，一般都很有效。因為男人們大都顧及自己的社會形象和名譽。

- **直接對抗**：在軟性對抗無效或危急關頭，必須用直接的語言

第七章　職業生涯的心理保健

警告和身體的奮力反抗，保護自己。語言上要義正嚴詞，表情要正義凜然，對騷擾者造成一種威懾力。

如果騷擾者的行為已嚴重威脅到我們的安全，我們可以大聲呼救，用手、腳、牙等打擊對方的要害部位。只要奮力反抗，騷擾者的企圖一般難以得逞。

* **向上級申訴**：在職場上遭遇性騷擾，我們還可以用書面或口頭的形式舉報騷擾者的卑劣行為，如果自己的同事也遭到一樣的騷擾，最好聯合他們一起控告，這樣成功的機會更大。

如果控告成功，騷擾者可能會被降職、受處分或調離，自己的困境可以徹底解除。即使騷擾者的職位沒有受到影響，名譽也會一落千丈。

貼心小提示

為了避免自己成為同事或者上司的騷擾對象，您在平時要注意以下幾個方面。

一是要穿著得體，舉止端莊，用嚴謹的形象和言行讓同事們都知道您是一個很規矩的人。

二是消除貪小便宜的心理，應警惕與個人工作、學習、業績不相符的獎賞和提拔。

三是在公司裡，要憑本事做人，不憑關係做人，加入公平競爭，勇於承擔自己工作失誤的責任，不為逃避處罰而尋求上司庇護。

四是和一個異性上司或同事單獨在辦公室時要把房門打開；
和異性上司或同事要隔著桌子或保持一步以上的距離講話。
當您遇到性騷擾時，千萬不要有怕羞的念頭，要態度嚴肅目
光堅定地逼視對方，以鄙夷的口氣大聲地斥責騷擾者，這樣
才能將對自己造成的傷害減輕到最低。

第八節　消除職場年齡恐懼症

當今社會，一些職場年齡稍大的人，對自己所處的職場總
會表現出種種焦慮，時時有種「時不我待」的緊迫感。有人稱
這種現象為職場年齡恐懼症。

一項針對職業女性的調查顯示，年齡在 30 歲以上的女性在
求職時就非常不好找工作了，於是，很多女性只要過了 30 歲就
就開始怕老。

職場年齡恐懼症，不僅影響工作和學習，而且還會為家庭
生活和自己的身心健康帶來諸多危害。為此，我們女人應該警
惕職場年齡恐懼症的發生。

職場年齡恐懼症的形成原因

社會壓力，競爭壓力，家庭壓力，各方面的壓力集合，各
種危機，憂患意識，使一些剛剛年過 30 的女性白領容易患上年
齡恐懼症，那麼，是什麼原因造成了她們具有這種心理呢？心
理學為此分析了如下因素。

- **行業本身因素**：一些服務、娛樂行業被人們戲稱為吃青春飯的行業。當青春漸逝，不少白領對自己的將來產生了危機感。其實，即使是這些行業，也還是有不少需要個人素養與持久耐力的地方，提升「內功」也許是為年齡憂慮的白領較好的選擇。

- **多方壓力因素**：事業、家庭、過大的壓力使不少女性不願面對年過 30 的現實。其實，這是一種逃避現實的心理，年過 30 的女性在社會上承擔著巨大的壓力，往往會幻想自己離開竟爭激烈的職場。但她們從心理上不願接受這種現實，不願接受自己的年齡。

- **沒有成功因素**：一些職場女性，在 30 歲還沒有做出比較大的成績，所以，其會擔心 30 後，自己仍然不能成功。其實，人的智力是分為流動智力和固定智力，流動智力是隨著年齡的逐漸增大而有所下降，但是固定智力就不同，其到了老年也仍然會隨著經驗的累積而有所提升，因此，就有不少大器晚成的人。只要我們能給自己機會，不斷地戰勝自己的弱點，加上多年的人生經驗和歷練，即使過了 30 歲，也還是有很多成功的機會的。

克服職場年齡恐懼症的方法

女性要應對職場年齡恐懼症，首先，提升自己的知識，其次，要重新調整自己的方向，逐漸由關注身外之物變為更多地

關注自己的心靈，逐漸領悟到人生的智慧，這樣才能減輕心理壓力，順利地度過「年齡危機」。具體方法如下：

- **正視年齡**：「長江後浪推前浪，雇主選擇年輕人」這也許是一種社會現象，因為年輕職員不存在醫療衛生、退休保險等過多的問題，可以節省開支。但正如前面所言，成功在什麼年齡都是可能的，以社會問題作為藉口，可能潛意識裡是想幫自己找到託詞，找到一種合理化的理由。白領需要正視年齡問題，而不能總用一些合理化的說法來幫自己的逃避找理由。

- **保持信心**：女性要對自己充滿信心，有不少人是「大器晚成」型的，只要給自己機會，不自己打敗自己，加上自己的工作經驗與人生歷練，即使已過 30 歲也還有機會成功。工作成功與否很大程度取決於一個人的興趣，如果我們在工作職位做得心力交瘁時，那就應該重新審視自己，再配合相關的人力資源管理師做職業定位，找準自己的事業和工作，在輕鬆的環境下把工作做成事業，這樣會收穫得更多。為此，職場女性要樹立正確的職場觀，不要把自己束縛在工作中，要讓自己在工作上遊刃有餘。

貼心小提示

任時光流逝，您卻像在保鮮盒中生活一樣，依然年輕貌美、精力充沛，這是女性們都夢寐以求的事。研究證明，擔心衰

老的您只要改變一些「小」習慣，就能輕鬆「永駐青春」。

1. 要愉快地笑出來：人們習慣把呆滯、無力的微笑，看作是「年老」的徵兆，蠟黃的牙齒從唇間露出，僵硬的嘴角邊是條條細紋，缺點也在瞬間被無限放大。然而，如果是發自肺腑地開懷大笑，其真誠會感染周圍的人，甚至還能抹去額頭的年齡標籤。

2. 保持良好的坐姿：因為坐姿良好的人比起那些懶散、含胸駝背或身子倒向一邊者，看上去更自信，也更有朝氣。正確坐姿還可預防肌肉、關節疼痛，減少肩頸部肌肉緊張，從而緩解頭痛。體態欠佳者可透過練習瑜珈或皮拉提斯來改善。這能增強腹部、骨盆、尾骨等部位的肌肉，使上身輕鬆挺直。如果沒時間練，不妨每隔一小時抻拉一下身體：雙腳觸地，肩膀和下顎放鬆，雙手置於大腿上；慢慢地將肩膀向後背伸展，擠壓肩胛骨，保持 5 秒鐘。每回伸拉三四次即可。

第八節　消除職場年齡恐懼症

電子書購買

國家圖書館出版品預行編目資料

秒懂具有 XX 染色體的人類：心因性疼痛、情感建構、心理障礙、婚姻心理調適、親子心靈溝通，揭開妳內心深處的祕密！ / 恩茜，宋心田著 . -- 第一版 . -- 臺北市：崧燁文化事業有限公司 , 2022.09
面；　公分
POD 版
ISBN 978-626-332-617-0(平裝)
1.CST: 女性心理學 2.CST: 生活指導
173.31　　111011858

秒懂具有 XX 染色體的人類：心因性疼痛、情感建構、心理障礙、婚姻心理調適、親子心靈溝通，揭開妳內心深處的祕密！

臉書

作　　　者：恩茜，宋心田
封面設計：康學恩
發 行 人：黃振庭
出 版 者：崧燁文化事業有限公司
發 行 者：崧燁文化事業有限公司
E - m a i l：sonbookservice@gmail.com
粉 絲 頁：https://www.facebook.com/sonbookss/
網　　　址：https://sonbook.net/
地　　　址：台北市中正區重慶南路一段六十一號八樓 815 室
Rm. 815, 8F., No.61, Sec. 1, Chongqing S. Rd., Zhongzheng Dist., Taipei City 100, Taiwan
電　　　話：(02) 2370-3310　　傳　　真：(02) 2388-1990
印　　　刷：京峯彩色印刷有限公司（京峰數位）
律師顧問：廣華律師事務所 張珮琦律師

定　　　價：375 元
發行日期：2022 年 09 月第一版
◎本書以 POD 印製